강팀 만들기
지는 데는 이유가 있다

**How to build up
a winning team**

강팀 만들기
지는 데는 이유가 있다

How to build up a winning team

정희윤 지음

noside

들어가는 말

이 책은 선수를 지휘하는 감독이나 기술을 가르치는 코치의 시각이 아닌 팀을 만드는 사람의 입장에서 쓴 글이다.

선수들의 플레이는 많은 사람들과 카메라 앞에서 벌어지기 때문에 누구나 승패의 원인을 판단할 수 있다.

하지만 그라운드에서 벌어지는 육박전이 전부는 아니다. 경기 전에 이미 지고 들어가는 팀이 허다하다고 해도 과언이 아니다. 육박전에 필요한 기술이나 체력 외에 심리전이나 정보전이 그라운드 안과 밖에서 더해지기 때문이다.

그라운드 안에서 팀이 이기기 위해 택할 수 있는 가장 단순하면서 확률 높은 방법은 좋은 선수를 확보하고 이들을 지휘할 유능한 감독을 앉히는 일이다. 이 두 가지 일을 하기 위해 그라운드 밖에서는 팀 관리자 간에 치열한 경쟁이 일어나고 있다. 좋은 선수와 유능한 코치가 널려 있는 것도 아니고 이들을 확보하기 위해 팀이 쓸 수 있는 자원도 한정되어 있기 때문이다.

한정된 자원을 효율적으로 써서 강팀을 만들기 위해서는 몇 가지를 알아야 한다. 먼저 스포츠팀의 특성과 팀 전력을 구성하는 요소가 무엇인지 알 필요가 있다. 그리고 무엇보다도 경기에서 이기기 위해서는 지피지기 知彼知己가 필요하다. 내 팀과 다른 팀의 전력이 어디에서 차이가 나는지를 알면 해결방안을 찾기가 쉬워진다.

프로구단에서 15년간 선수, 코칭스태프와 부딪히면서, 또 여러 종목의 컨설팅을 하면서 쌓은 노하우를 한마디로 정리하면 '지는 데는 이유가 있다'이다. 이 글을 책으로 남겨야 겠다고 마음먹은 이유이기도 하다.

이 책의 사례가 너무 옛날이야기가 아니냐고 걱정할 필요는 없다. '머니볼'이라는 영화가 나오기 전, 내가 프로구단에서 시도했던 작업들부터 시작하여 최근에는 통계가 어떻게 활용되는지 간략하게 소개했다.

승리를 위하여 보이지 않는 곳에서 열심히 뛰고 있을 많은 이들에게 이 책을 전한다.

2019년 5월
정희윤

차례

들어가는 말 · 5

1 이기는 팀을 만드는 법
1 '강팀 만들기' 작업의 진화 · 13
2 투입 대비 성과를 높여주는 시스템 · 18

2 스포츠팀과 일반 조직은 어떻게 다른가
1 제한적인 경쟁 · 26
2 팀 전력을 구성하는 일곱 가지 요소 · 28
3 선수의 플레이는 계량화 된다 · 30
4 시즌 단위로 승패가 결정되는 스포츠 · 32
5 선수들의 짧은 직업 수명 · 34

3 스포츠팀에 맞는 조직관리 기법
1 희생정신이 발휘되는 팀 문화의 조성 · 37
2 외부요인과 내부요인 고려 · 38
3 동기부여 · 40
4 감독의 리더십 · 42
5 적절한 보상 · 44

4 강팀 만들기는 이렇게 설계된다

1 계획 세우기 · 49

2 전력 강화 디자인하기 · 58

3 스포츠팀의 조직 구성 · 72

5 강팀 만들기의 핵심

1 숨은 진주를 찾아내는 스카우트 · 89

2 진주를 가공하는 육성 시스템 · 96

3 전력 7대 요소의 강화 · 104

6 선수를 뛰게 만드는 평가

1 평가가 선수를 뛰게 만든다 · 131

2 선수평가 기법 · 134

3 운동선수에게 나이는 중요한 변수다 · 144

4 평가 시스템이 팀 컬러에 미치는 영향 · 150

7 프로선수 연봉은 어떻게 정할까

1 선수 연봉 결정에 영향을 미치는 요소 · 157

2 프로선수의 연봉산정 방법 · 162

3 만족할 만한 수준의 적정 연봉은 얼마일까? · 166

4 리그가 채택한 제도가 선수 몸값에 미치는 영향 · 169

5 에이전트와 대리계약 · 175

8 팀 전력 평가를 통해 다음을 준비한다

1 팀 스포츠에서의 지피지기 · 183

2 포지션 중요도 · 186

3 나이 변수의 감안 · 190

4 2017 시즌 프로야구 전력평가 사례 · 192

5 즉시전력과 미래전력의 선택 시 참고자료 · 200

9 리더가 팀을 이끈다

1 스포츠팀의 리더 · 205

2 감독의 역할 · 207

3 감독이 갖추어야 할 역량 · 209

4 감독의 선임 · 232

5 감독의 평가 · 237

6 누가 책임자인가 · 240

10 보이지 않는 시스템의 힘

1 시스템을 통한 전력의 강화 · 245

2 평가 제도를 전력요소 강화에 연계 · 247

3 현장과 연계 체계 구축 · 250

4 통합시스템의 구축 · 253

맺는 말 · 259

이기는 팀을
만드는 법

1 '강팀 만들기' 작업의 진화

팀이 이기는 데 좋은 선수, 그리고 그들을 다룰 줄 아는 감독만 있으면 승리하기에 충분했던 시절이 있었다. 물론 지금도 이 둘은 이기는 데 필요조건이다.

해태타이거즈 시절 김응룡 감독이 아홉 차례 한국시리즈를 제패하고 1164승을 올릴 수 있었던 것은 김성한, 이순철, 김봉연, 김준환 같은 타자와 선동열, 조계현, 이강철 등의 명투수가 있었기 때문이다. 만약 그 좋은 선수들을 다른 감독이 맡았다면, 과연 같은 성과를 올릴 수 있었을지 장담할 수 없다.

그라운드 안에서 승패를 결정짓는 건 선수들의 플레이지만 감독은 반드시 필요하다. 팀을 성공적으로 이끌기 위해서 감독이 하는 일은 세 가지로 나눌 수 있다. 첫째, 경기가 벌어지는 공간과 시간 전체를 보고 경기의 방향을 이끈다. 경기에 임하는 선수들은 공의 움직임을 따라가는 데 집중하느라 시야가 좁아질 수 있기 때문이다. 전체를 조망하여 상대 팀의 전술을 읽는 감독의 역할이 중요한 이유다. 둘째, 선수들이 역량을 최대한 발휘해 시너지를 내도록 독려한다. 시너지 효과는 선수 개개인이 만들기 어렵기 때문에, 감독이 리더십을 발휘해 선수에게 역할을 부여하고 이를 따르게 하는 편이 바람직하다. 셋째, 경기가 리그 형식으로 진행되는 장기전인지 토너먼트 형식의 단기전인지에 따라, 그에 적합한 전략을 구사한다. 이렇듯 보이지 않는 곳에서 팀을 이끄는 유능한 감독이 있을 때 팀이 이길 확률이 높아진다. 감독은 선수 다음으로 중요하다.

이기기 위해 좋은 선수를 보유하는 것이 최우선의 방법이 되고 경쟁이 치열해짐에 따라, 선수 발굴을 전문으로 하는 스카우트 업무가 등장하기 시작했다. 초기에는 재능 있고 팀에 들어오자마자 즉시 두각을 나타내는, 즉 즉시전력이 되는 선수 발굴이 쉬웠지만, 얼마 지나지 않아 선수 공급에 한계가 드러났다. 그래서 1920년대 초반, 유망선수를 키워서 구단에 자체적으로 공급하는 팜시스템farm system을 고안해냈다. 이 시스템이 유용해지자 메이저리그 팀은 여러 등급의 마이너리그 팀을 보유하게 되었다. 이에 따라 많게는 수백 명의 선수들을 관리할 수 있는 시스템이 필요해졌고, 이를 총괄할 단장general manager이라는 직책이 등장하게 된다.

구단들은 팜시스템에서 선수가 높은 단계로 올라갈 때마다 상위등급의 코치가 각 승급된 선수를 새로 가르쳐야 하는 수고를 덜기 위해 단계별로 표준화된 훈련 프로그램을 만들어냈다. 더불어 선수의 성장을 체크하는 기록 관리시스템, 선수의 가치가 떨어지지 않도록 부상을 예방하는 전문의료진, 체력 관리시스템도 구축했다. 지금은 특정 상황에서 실패에 대한 두려움으로 불안해하는 증세인 입스yips 증후군을 포함하여 선수들의 심리적인 증상을 치료하는 전문 인력도 갖추는 추세다.

또한 1960년대부터 메이저리그에서는 상대의 전력을 분석하기 위해 스파이 기록원을 파견하기도 했다. 이만큼 정보 수집과 분석은 일찍부터 중요시되었다. 현재는 IT기술이 발전함에 따라, 대부분의 팀이 통계전문가나 정보 분석전문가로 구성된 별도의 부서를 운영하고 있다.

어느 한 팀이 창의적으로 도입한 시도가 성공하면, 얼마 지나지 않아 그 전략은 다른 팀에 흘러 들어간다. 모든 팀이 공유한 전력 강화 비법은 그 효과를 금세 잃고, 결국 모든 팀이 동일선상에 놓이게 되는 일이 반복되어 왔다. 하지만 어떤 전략이 개발되더라도 강팀이 되는 필수조건은 '좋은 선수'와 '좋은 감독'이다.

앞서 말했듯이 모든 팀이 갈망하는 '타고난 좋은 선수'의 공급은 한정되어 있다 보니, 가능성이 보이는 선수를 직접 육성하는 시스템을 개발한 것이다. 여기에 팀 특성에 맞도록 기존 전력을 극대화할 수 있는 관리 기법을 추가한 것이 최근 이루어지는 강팀 만들기 작업이다.

선수들이 경기장 안에서 성과를 내기까지의 작업 과정은 경기장 안과 밖의 작업으로 구분될 수 있다. 경기장 안에서의 작업은 승패를 결정짓는 선수들의 플레이를 의미하고, 주전선수가 경기장에 출전하기 전까지의 나머지 작업은 경기장 밖에서 일어난다. 경기장 밖에서의 작업은 좋은 선수나 유망주를 발굴하는 스카우트, 뽑은 선수를 키우는 육성 시스템, 선수의 기량을 극대화하는 지원시스템 등으로 나눌 수 있다.

강팀은 이러한 모든 작업들이 유기적으로 이루어질 때 탄생하며, 이는 좋은 선수가 최선을 다해 경기에 임하는 결과로 나타난다. 강팀을 만들기 위해서는 각 팀의 특성뿐만 아니라 선수 개개인 특별한 인적 자원의 특성을 감안해야 한다. 즉, 스포츠팀의 특성을 감안한 조직관리와 인적 자원 관리시스템이 갖춰져야 하고 이 시스템은 팀에 영향을 미칠 수 있는 외부요인과 내부요인을 모두 고려해야 한다. 예를 들어, 핵심인력인 선수에게 동기를 부여하는 인센티브제도와 선수를 지휘하는 감독, 프런트를 포함한 이해관계자를 잘 이끌 수 있는 단장의 역할이 모두 중요하다.

시스템의 진화 이기는 기능은 우수선수 스카우트 및 육성시스템의 구축에서 과학기술의 발전과 함께 통합시스템으로 진화 중

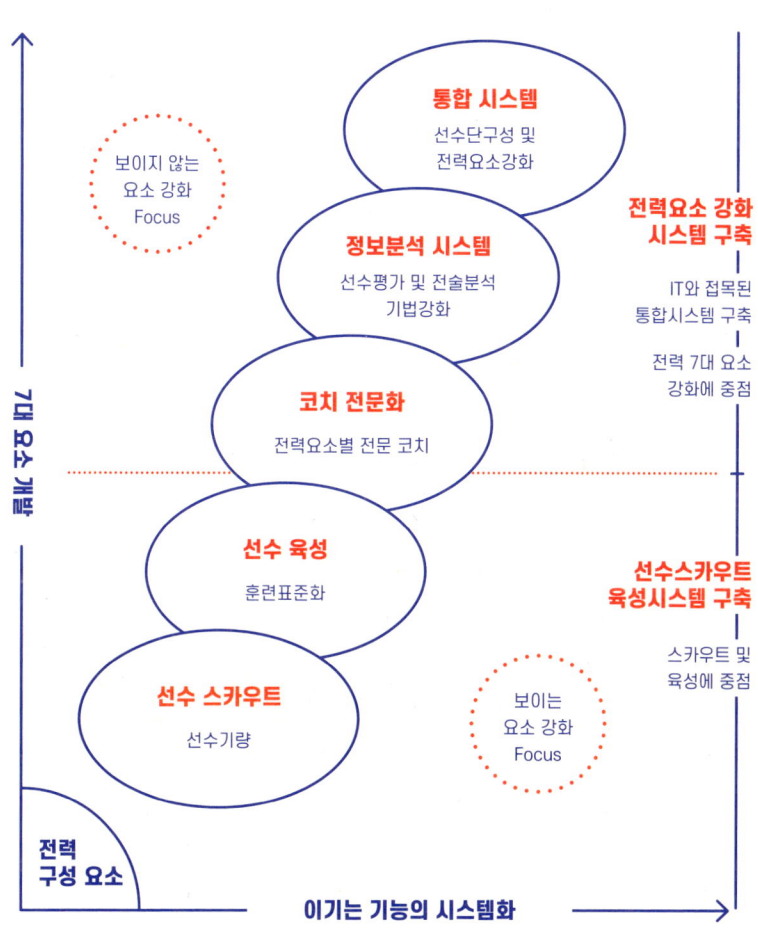

2 투입 대비 성과를 높여주는 시스템

스포츠팀이 시즌이나 대회에서 성과를 내기까지는 많은 과정이 필요하다. 특히 효율적인 시스템과 팀이 존재해야하는 이유가 분명해야 한다.

'연비'란 자동차가 일정량의 연료로 주행 가능한 거리를 말한다. 같은 덩치라도 멀리 갈 수 있는 차와 짧은 거리밖에 가지 못하는 차의 차이는, 투입된 연료를 추진력으로 전환시키는 시스템의 효율 때문에 생긴다. 마찬가지로 팀에 투입되는 '인적자원과 자금'이라는 연료도 관리시스템에 따라 다른 성과를 만들 수 있다.

무엇보다 어떠한 팀을 왜 만들어야 하는지에 대한 확고한 목표가 있어야 한다. 팀은 프로 팀부터 학교 체육프로그램까지 다양한 미션 아래 만들어질 수 있다. 이는 팀이 어떻게 이길 것인가를 결정하는 이념 혹은 철학의 문제이기 때문에, 팀을 운영하는 데 가장 중요한 개념이다. 강팀 만들기는 이 비전을 바탕으로 추진되며, 전체적인 전략과 기능의 방향을 결정한다.

이제 팀의 고유한 철학 아래 강팀 만들기 작업을 함께해 보자. 작업 과정은 크게 팀 구성, 선수 스카우트와 육성, 전력 강화, 지원 업무의 네 부분으로 나눌 수 있다.

첫째로 팀을 구성하는 일이란 선수와 감독을 포함한 코칭스태프를 구성하는 일이다. 팀 구성은 창설한 이후로 매년 반복해서 하는 일로, 스카우트와도 관련있다. 둘째는 유망선수를 발탁하는 스카우트와 선수를 육성하는 업무이다. 선수는 보유한 역량에 따라 주전선수와 후보선수, 유망선수의 세 등급으로 구분한다. 스카우트는 이 세 등급의 선수를 뽑는 일이며 육성업무는 어린 유망선수를 주전선수로 키우는 일이다. 셋째는 전력을 강화하기 위해 기술, 체력, 정신력, 정보 등 전력 구성요소를 개선하는 업무이다. 특히 상대 팀의 정보 분석 자료는 경기의 승패를 좌우하기도 한다. 마지막으로 지원 업무는 의식주 제공, 일정에 따른 교통수단 지원, 용품과 시설 관리 등을 아우른다. 기본적인 일이지만 차질이 생기면 컨디션 유지에 큰 영향을 미칠 수 있는 부분이다.

일반적으로는 팀 전력을 구성하고 선수를 스카우트, 육성하는 업무가 핵심 업무로 일컬어지지만 전력 강화와 지원 역시 팀을 이끄는 데 필수적이다. 예를 들어 전력을 강화해주는 기능이 적재적소에 제공되지 못하면 선수 기량이 백 퍼센트 발휘될 수 없다. 또한 지원 업무만 잘 뒷받침되어도 갖추어진 전력이 손실되는 것을 최소화할 수 있다. 한마디로 '그라운드 밖 또 하나의 주전선수'만큼 팀에 공헌할 수 있다.

오른쪽 그림은 팀이 성과를 내도록 지원하는 운영 업무의 전체적인 흐름을 나타낸다. 이는 팀의 규모를 막론하고 꼭 필요한 과정이다.

그런데 모든 팀이 이기기 위해 필요한 요건과 기능을 동등하게 알고 있음에도 불구하고 종국에는 강팀과 약팀으로 나뉘는 이유는 무엇일까? 일차적으로는 선수 전력의 차이에서 기인한다. 기본적인 전력 차이가 있다면, 운이 따르더라도 장기전에서는 승부를 뒤집기 어렵다. 다음으로, 선수 전력이 비슷하다면 승패는 감독의 역량에 달려 있다. 물론 이 경우는 선수 전력에 대한 객관적인 평가가 있고 난 후라야 패인이 감독의 역량 때문이라고 판단할 수 있다. 다음으로 선수 전력과 감독 역량에서 큰 차이가 없다면, 선수가 최선을 다하지 않았거나 선수가 가진 기량을 백 퍼센트 발휘하지 못한 팀이 패한다. 선수가 최선을 다하지 못하는 원인은 선수 본인에게서뿐만 아니라 다양한 곳에서 찾을 수 있다. 이 때문에 전력 강화 기능이 제대로 작동하게 만드는 시스템이 필요하다.

선수단 운영업무 FLOW-CHART

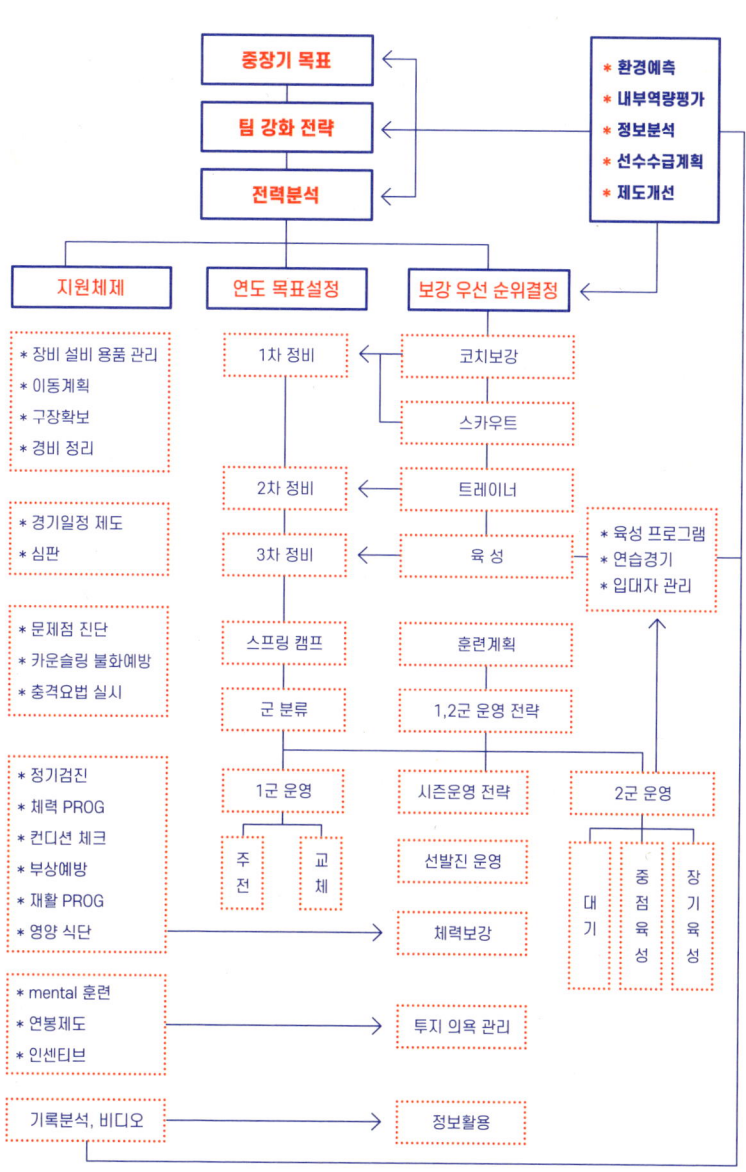

스포츠팀과
일반 조직은
어떻게 다른가

스포츠팀의 좋은 성과는 적재적소의 투입이 효율적으로 실행될 때 나타난다. 이때 몇 가지 고려해야 할 사항이 있다. 첫째, 모든 종목은 경쟁에 투입되는 인력이 제한되고 반드시 지켜야 할 규칙이 있다. 이는 선수단 규모를 설계할 때 반영되어야 한다. 예를 들면 한정된 재원으로 최적의 축구단 규모를 꾸릴 때 기본적으로 11명의 3배수에 군입대나 부상 등 예기치 못한 사태에 대비해 '11 x 3 + α' 명의 선수를 고려해야 한다. 총연봉을 제한하는 제도를 채택한 종목에서는 연봉까지 반영된 선수 규모가 구축되어야 한다. 두 번째는 팀 전력을 구성하는 핵심요소가 무엇인지 알아야 한다. 팀 전력을 구성하는 요소를 제대로 파악하지 못하면 각 요소를 강화하는 기능이 잘못 설계할 수 있다. 세 번째는 선수의 플레이는 일거수일투족이 기록으로 남아 계량화된다는 점이다. 계량화된 플레이를 '공정한 보상'을 위한 평가자료로 활용할 때 선수를 잘 뛰게 만들 수 있다. 네 번째는 선수의 직업수명이 짧다는 점이다. 체력이 필수 요소라는 직업의 특성상 대개의 종목에서 선수는 30대 중반이면 은퇴할 수밖에 없다. 따라서 전력강화 작업 및 선수단 구성은 선수들의 직업수명을 고려해 설계되어야 한다.

1 제한적인 경쟁

스포츠팀의 경쟁은 사용할 수 있는 자원을 제한하는 규칙 하에 이루어진다. 경기에 참가하는 선수 인원, 경기 시간과 같은 기본적인 사항부터 공수 교체 규칙, 경기장 규격 같은 세부사항까지 반드시 지켜야 할 제한들이 존재한다. 아무리 좋은 선수를 많이 보유하고 있는 팀이라도 당일 경기에 출전할 수 있는 선수 인원인 엔트리 entry 이상의 선수를 내보낼 수는 없다.

야구나 축구와 같이 총득점이 많은 팀이 우승하는 경기가 있는 반면, 배구와 같이 총득점과 상관없이 이긴 세트 차이가 승패를 가르는 종목도 있다. 제한된 시간에 공수 구분 없이 양 팀 선수가 한데 섞여 뛰며 득실을 가리는 종목도 있고, 공격과 수비를 번갈아 하는 종목도 있다.

어떤 종목이든 동일한 규칙 하에 양 팀 모두에게 공평한 기회를 준다는 게 재원 투입에 제한이 없는 비즈니스 세계와는 다른 점이다. 영리가 목적인 프로 리그에서는 부자 구단이나 가난한 구단에게 공평한 기회를 주기 위한 제도가 마련되어 있다. 선수의 연봉 총액을 제한하는 샐러리 캡salary cap 제도*나, 하위 팀에게 우수한 신인을 먼저 선발할 수 있는 권리를 주는 신인드래프트가 바로 그것이다.

* 프로리그에서 소속선수에게 지급할 수 있는 연봉총액의 상한선을 정한 제도로 부자구단이 우수선수를 끌어 모아 팀간 전력격차가 커지는 것을 막기 위해 도입됨

부자 구단이 돈을 무제한으로 써 좋은 선수를 싹쓸이하는 것을 막아 리그 소속 팀 모두에게 가능한 한 대등한 기회를 제공한다는 취지다. 이러한 장치가 없는 유럽 축구는 갈수록 팀 간 부익부 빈익빈 현상이 심각해져 관전 재미를 해치고 있다.

제한적인 경쟁이라는 틀은 팀이 전력을 구축하는 데 다양한 면에서 영향을 미치게 된다. 예를 들어 같은 포지션에 두 명의 우수한 선수를 보유했다면, 한정된 경기 수를 나누어 출장해야 되기 때문에 자칫하면 두 선수의 효용 가치가 반감될 수 있다. 이는 종종 불협화음의 원인을 제공하여 팀워크를 해치기도 한다. 우승이 지상 목표인 팀들은 좋은 선수를 상대팀에게 보내기 싫어 뽑아놓고는 막상 경기에 출장시키지 않는 경우도 있다. 이는 선수의 성장 기회를 박탈하는 윤리적 문제이자, 인적 자원의 낭비다.

4개 종목별 제한 규정

	출전가능 선수*	출전선수	경기종료	승패 결정기준	샐러리 캡
야구	26명	9명	27명 out	득점차이	없음
축구	23명	11명	90분	득점차이	없음
농구	12명	5명	4쿼터	득점차이	도입
배구	18+1명(외국선수)	6명	3세트 승	승리 세트	도입

* 팀이 보유한 선수 중 경기에 뛸 수 있는 선수를 의미하며 종목에 따라서 국제경기와 자국리그 규정에 차이가 있을 수 있음

2   팀 전력을 구성하는 일곱 가지 요소

팀 경기에서 승패가 갈리는 이유는 팀이 보유한 전력의 차이 때문이다. 팀 전력을 구성하는 요소들은 다음과 같다. FC바르셀로나, 레알마드리드가 잘 이기는 이유는 중요한 포지션을 맡은 메시나 호나우두 같은 뛰어난 선수의 '기술'이 상대를 압도하기 때문이다. 비슷한 기량의 선수라도 전체 게임을 소화하지 못하는 선수라면 '체력'이 승패에 영향을 미친다. 체력과 기술이 뛰어나더라도 중요한 장면에서 심적으로 동요하는 선수라면 '정신력'이 문제가 된다. 호화 군단을 꾸렸는데도 자주 지는 팀이 있다면 '팀워크'의 문제일 수 있다. 결정적인 순간 상대의 허를 찌르는 '감독의 작전'도 승패를 가르는 주요 요인이다. 또한 상대 팀에 대한 아무런 '정보'가 없다면, 상대 선수의 습관을 속속들이 알고 경기에 임하는 팀에게 질 수밖에 없다. 마지막으로 선수들은 반드시 이겨야 된다는 '동기'가 확고할 때 본래 전력 이상의 기량을 보인다.

1990년대 한국체육대학교에서 축구선수 한 명이 경기당 몇 킬로미터를 뛰는지 측정했던 적이 있다. 조사 결과 국내 팀 간 대결에서는 평균 8킬로미터, 한일전에서는 10킬로미터로 측정되었다. 일본 팀에게는 반드시 이겨야 한다는 동기가 선수들의 기량을 더 끌어올린 것이다.

이와 같이 선수 개인이 보유한 기술, 체력, 정신력, 성취동기와 팀이 보유한 감독의 작전 구사 능력, 팀워크, 정보력 등이 전력 구성의 일곱 가지 요소이다. 강팀 만들기 작업은 기술, 체력, 감독의 작전, 정보 등 눈에 보이는 네 가지 요소와 정신력, 성취동기, 팀워크 등 보이지 않는 세 가지 요소를 강화하는 작업이다. 이 요소의 합이 상대팀을 능가할 때 이기는 팀에 가까워진다.

감독의 작전이 특정 팀에서 두드러지게 작용한 사례가 바로 1995년의 두산베어스이다. 두산베어스는 1994년과 1995년 사이에 감독이 바뀐 것 외에는 팀 전력 변화가 거의 없었다. 그런데 1994년 53승 72패로 7위를 기록했던 팀이 1995년에는 74승 47패로 1위에 올랐다. 김인식 감독의 용병술 외에는 설명 가능한 이유가 없는 독특한 사례이다. 감독의 리더십 덕분에 선수들이 전 시즌보다 더 열심히 뛰었을 것으로 추정된다.

3 선수의 플레이는 계량화 된다

팀 전력의 차이는 승패와 직결된다. 팀 전력의 결과물output인 성적은 경기의 매 장면마다 발휘된 선수 개인 기량의 결과물이기도 하다. 득점 차이로 승패가 결정되는 팀 스포츠에서는 득실의 빌미를 만드는 개인의 플레이가 기록에 남는다.

물론 기록으로 남기기 어려운 지능적인 플레이나 눈에 보이지 않는 실책도 있을 수 있다. 예를 들어 스물두 명이 한꺼번에 움직이는 축구의 경우, 공이 없는 곳에서 벌어지는 플레이는 공식적으로 기록되기 어렵다. 하지만 그런 플레이라 할지라도 코치나 감독의 매와 같은 눈을 벗어나기는 어렵다. 실제로 프로팀에서는 일반인의 눈에 잘 띄지 않는 플레이도 전문가의 눈과 비디오를 통해 기록한 후 기량 개발이나 선수평가에 활용하고 있다. 플레이를 기록으로 남기거나 영상 자료로 축적할 수 있다면, 선수 전력 역시 정보화할 수 있다. 타율, 슛 성공률, 방어율, 승률 등은 선수의 능력이나 팀의 전력을 계량화한 것으로, 이는 차후에 실패 혹은 성공 요인을 분석하는 정보로 활용할 수 있다.

다시 말해 선수 개인의 기술, 체력, 정신력, 동기에 코칭스태프의 작전이 더해진 경기는 기록과 카메라를 통해 분석 가능한 데이터베이스로 축적된다. 또한 이는 전력보강을 위해 자원을 투입했을 때 그에 따른 산출을 비교할 수 있어, 효율성도 점검할 수 있다. 요즘에는 개인 기록이나 팀 전력뿐만 아니라 선수의 동작이나 습관까지 분석의 대상이 된다. 선수 전력을 계량화하는 작업은 선수 간뿐만 아니라 팀 간 전력을 비교할 수 있기 때문에 팀 전력을 강화할 때 첫 단추를 꿰는 일이나 다름없다.

4 시즌 단위로 승패가 결정되는 스포츠

스포츠팀의 성과는 대회에서 결정된다. 스포츠 대회의 형태는 주로 리그, 토너먼트, 투어 세 가지로 구분할 수 있다. 팀 스포츠의 경우 시즌 단위로 진행되는 리그가 주종이지만, 리그와 토너먼트가 혼합된 대회도 있다. 전국대회 출전 기회를 지역 리그를 통해 선발하는 경우나, 예선 리그를 통과한 팀이 결승 토너먼트에 진출하는 월드컵 등이 후자의 경우에 속한다. 투어는 주로 골프, 테니스와 같은 개인 종목에서 이루어진다.

리그 대회는 같은 수준의 팀들을 관장하는 조직인 연맹이나 협회에서 경기를 주최한다. 우승팀을 정하는 방식은 두 가지가 있다. 동일한 수의 경기를 소화한 팀 중에서 최고 승률이나 승점을 기록한 팀이 우승 팀이 되는 방식과, 승률 상위 팀을 뽑아 플레이오프를 거쳐 챔피언을 정하는 방식이다.

리그는 시작이 언제든 상관없이 1년 단위로 운영된다. 한 시즌의 챔피언이 결정되면 다음 시즌에는 모든 소속 팀이 다시 동일한 조건에서 새로 시작하게 된다. 기업의 결산처럼 당기 순이익이 다음 회계연도로 이월되지 않는다.

우승 팀이라는 타이틀은 얻지만 다음 시즌 승률에 영향을 주는 어떤 혜택도 주어지지 않는다. 오히려 신인드래프트 제도가 도입된 프로리그에서는 전년도 성적의 역순으로 신인을 지명하기 때문에 꼴찌 팀에게 전력을 보강할 수 있는 우선 지명 기회가 주어진다.

5   선수들의 짧은 직업 수명

운동선수는 직업 수명이 짧다. 대개 30대 중반에 프로선수 생활을 마감한다. 그래서 선수를 수급할 계획을 세울 때에는 장기적인 관점에서 선수들의 짧은 직업 수명을 감안해야 한다. 전력 강화를 위한 스카우트와 트레이드는 기존 선수의 방출을 전제로 이루어진다. 이때 '이 선수가 우리 팀을 위해 얼마나 오랫동안 뛸 수 있을 것인지' 여부는 새로 뽑을 선수 혹은 내보낼 선수를 정할 때 가장 중요한 기준이 된다. 종목별 한계 나이가 정해진 건 아니지만 선수가 뛸 수 있는 나이에 관한 경험 법칙은 나름대로 있다. 프로리그에서 나이가 많은 선수보다 어린 선수의 이적료가 높은 것은 그 직업 수명이 반영되었기 때문이다. 프로선수의 이적료나 입단 계약금이 선수가 구단에 기여할 수 있는 잠재력에 매겨진 값이라는 뜻이다.

팀 전력을 강화할 때는 반드시 선수의 남은 직업 수명을 고려해야 한다. 하지만 팀에 따라서는 '노련미 있는 나이 든 선수'가 '힘 있는 젊은 선수'보다 더 유용할 수 있고 생물학적 나이에 비해 월등한 체력을 가진 선수도 있다는 점도 간과하지 말아야 한다.

스포츠팀에 맞는 조직관리 기법

1   희생정신이 발휘되는 팀 문화의 조성

LG트윈스가 2018 시즌에서만 두산베어스에게 15연패를 당했다는 뉴스를 보고 LG팬인 지인이 내게 물었다. "이상하게 LG는 이길 것 같은 시즌에 지고 두산은 질 것 같은데 이긴다"라고 하면서 전력 외에 그럴만한 특별한 이유가 있는지 묻기에 "팀 문화가 영향을 미쳤을 수 있다"고 답한 적이 있다. 개인주의 성향이 강한 개성 있는 선수들이 LG에 많았다는 기억 때문이었다. '팀 문화'는 오랜 시간을 거쳐 정착된 것으로 좋든 나쁘든 단시간에 바뀔 수 없는 그 팀에만 존재하는 풍토로 볼 수 있다. 수많은 사건을 거치면서 그로 인한 변화를 받아들이거나 거부하는 과정에서 서서히 정착된다. 바람직한 팀 문화는 '희생정신'이 높게 평가되는 풍토에서 형성된다. 호나우두(레알마드리드)가 골을 넣고 카메라 앞으로 뛰어가는 것과 달리 메시(FC바르셀로나)의 골 세레머니는 어시스트한 선수에게 감사를 표하는 동작을 취한다. 다이빙 캐치로 실점을 막아준 후배에게 박철순은 꼭 고맙다는 사인을 보내고 다음 동작에 들어갔다. 벤치 컬리어링Bench-Clearing Brawl 때 머뭇거리지 않는 선수에게 보상을 주는 프런트도 있다. 이러한 것들이 쌓여 팀 문화가 형성되고 팀 컬러로 그라운드에 구현되기 때문에 팀 관리에는 바람직한 문화를 가꾸는 일도 포함된다. 감독, 주장, 스타플레이어들이 팀 문화를 주도하지만 프런트는 어시스트나 희생플레이를 높이 평가해 보상에 반영하는 것으로 바람직한 문화정착에 기여할 수 있다.

2   외부요인과 내부요인 고려

어떤 유형이든 팀이나 조직을 관리할 때는 외부나 내부요인에 영향을 받게 된다. 예를 들어, 출산율이 낮아짐에 따라 선수자원 감소에 큰 영향을 받는 비인기 종목과 영향이 적은 인기종목은 관리 방법에 차이를 두어야 한다.

프로 팀의 구단 운영이나 선수 수급에 영향을 미치는 외부요인으로는 보류제도*나 보유이적제도**, 선수노동조합의 요구나 스포츠정책 등이 있다. 또한 선수들이 다른 국내 리그뿐만 아니라 외국리그로도 이적할 수 있다는 점도 고려해야 한다.

농구나 배구의 경우 외국인선수가 팀 전력에서 차지하는 비중이 워낙 높기 때문에 허용인원이 몇 명인지에 따라 선수단구성 전략이 달라질 수 있다. 한국 프로리그에는 아직 선수노동조합이 없지만 노동조합과의 단체협약에서 정해지는 조항들은 특히 재정적으로 팀 운영방향에 큰 영향을 미칠 수 있다.

---

*   Reserve System   신인 선수는 입단한 후 일정 기간이 지나야 자유계약 자격을 취득할 수 있는 제도. 미국 프로리그에서 사용하고 있다.

** Retain/Transfer System   계약기간이 끝나는 즉시 자유계약 자격을 취득하는 제도. 시즌이 끝난 후 구단이 발표하는 보유선수 명단에 들지 않은 선수는 이적이 자유로워지는 제도이며 유럽 프로리그에서 사용하고 있다.

외부 환경요인

- **선수시장**
  유소년 클럽, 학교 팀,
  대학, 외국선수

- **법률 및 제도**
  보류제도, FA, 드래프트, 샐러리 캡,
  보유이적(Retain/Transfer) 제도 등

- **노동조합**
  최저연봉, 복지제도 등에 영향

- **경쟁리그 및 구단**
  다른 리그, 외국리그,
  경쟁 팀 등의 시스템

- **사회적 규범**

내부 요인

- **팀 이념 / 경영전략**

- **조직문화**
  리더의 가치관, 경영이념,
  팀의 성공과 실패 경험 등이
  축적되어 형성

팀을 관리할 때에는 이러한 외부요인과 함께 팀 리더나 구단주의 철학 혹은 사무국의 방침 등 내부요인들이 미칠 영향까지 충분히 감안해야 한다. 구단주의 비즈니스 철학이 공격적이라면 감독부터 선수라인업까지 공격형으로 구성하고 평가 및 보상제도도 이를 뒷받침할 수 있게 설계되어야 한다. 또한 경기시간단축이 리그사무국의 방침이라면 훈련프로그램부터 슬로우플레이를 지양하게 만들어져야 한다.

3 동기부여

스포츠 팀에서의 조직 관리는 무엇보다 핵심인력인 선수가 최선을 다해 팀의 목표인 승리에 기여할 수 있게 동기를 부여하는 시스템에 초점이 맞춰진다.

개인의 동기를 충족시키는 일이 궁극적으로는 조직의 목표와 같은 방향이 되도록 선수에게 적절한 인센티브를 제공해야 한다. 따라서 모든 선수 관리 시스템은 '선수가 팀이 추구하는 것을 위해 뛸 때, 팀은 선수가 원하는 것을 준다'는 목적에 맞게 설계해야 한다.

선수들이 경기에서 죽을힘을 다해 뛰게 만드는 동기는 금전적 보상, 특정 팀에 속한다는 소속감, 한계에 도전하는 자기 실현 등으로 나눌 수 있다. 이를 팀에서 충족시켜줄 수 있을 때 팀과 개인의 목표가 일치하게 된다. 동기는 선수를 움직이는 엔진과 같다. 어떤 고급 기술을 가진 선수라도 동기를 상실하면 자신도 모르게 보통선수로 돌아가버리는 사례들이 허다하다.

개인의 동기와 팀의 인센티브

일/운동을 시작하는 동기

- 체력 강화

- 금전적 동기
  - 프로선수의 근본적 동기

- 집단 귀속의식과 자기표현
  - 집단에 소속될 때의 안도감
  - 두드러지고 싶은 욕구

- 자아실현 동기
  - 학습 성장 사회적 사명감 수행

조화

팀/조직의 인센티브

- 체력 단련 프로그램 제공

- 금전적 보상

- 평가

- 조직과 개인의 가치관 공유

- 자기실현의 장(場) 제공

- 인간관계 및 매력적인 리더

스포츠팀에 맞는 조직관리 기법

4   감독의 리더십

어떤 조직이든 다양한 동기를 가진 팀원들을 한 방향으로 끌고 가기 위해서는 리더가 필요하다. 스포츠 팀에서도 재능 있는 선수와 유망주, 코칭스태프, 전문가 등 각기 다른 분야의 인력이 하나의 목표를 향해 에너지를 쏟게 만들 리더, 즉 감독의 역할이 중요하다. 스포츠 팀의 감독은 경기에 출전할 선수를 결정하는 권력을 갖고 있지만, 선수들이 진심으로 감독을 믿고 따르게 하기 위해서는 감독이 쌓아온 실력과 인간성, 인격 등으로 완성된 권위가 필요하다. 권력은 지위에 따라 자연히 생기는 힘이지만 권위는 리더가 스스로 만들어나가야 하는 힘이다. 조직에서 나아갈 방향을 결정할 때, 구성원의 마음을 하나로 모을 때, 에너지를 쏟아 부어야 할 순간에 리더십을 발휘할 수 있는 사람이 스포츠 팀의 리더인 감독을 맡아야 한다.

리더십과 매니지먼트

	리더십	매니지먼트
방향 설정	가야 할 방향제시	정해진 방향으로 갈 방안 수립
구성원 관리	자발적으로 한 방향으로 나아가게 유도	조직적으로 정해진 방향으로 나아가게 유도
보상 방식	정신적인 보상으로 에너지 발산 유도	금전적 보상, 페널티 등으로 유도

5   적절한 보상

인재를 관리하기 위해서는 '채용-교육-평가-보상'이라는 과정이 필요하다는 점에서 스포츠 팀도 일반 기업과 마찬가지다. 이 시스템은 인재를 채용하여 업무에 필요한 기술을 가르친 후 일의 성과를 평가하여 그에 따라 적절한 보상을 내리는 것으로 마무리된다. 조직 관리 측면에서 스포츠 팀도 '스카우트-훈련-평가-보상'의 과정을 거친다. 스포츠 팀이 일반 기업과 가장 큰 차이는 상대적으로 평가가 용이하다는 점이다.

그 이유는 선수의 플레이를 점수로 매길 수 있기 때문이다. 모든 종목은 선수의 득점, 어시스트, 실책 등 개인 플레이를 기록한다. 특히 야구는 거의 모든 플레이가 가장 잘 기록화된 종목이지만, 선수 전체가 동시에 움직이는 축구는 상대적으로 중요한 플레이만 기록한다. 눈에 띄지 못한 파인 플레이*나 본 헤드 플레이**는 공식기록에 나타나지 않지만 팀 코치나 기록원은 이를 분명히 분별한다. 예를 들어 야구에서 내야수가 잡기 어려운 공을 잡으려고 다이빙캐치를 시도하다 글러브로 건드리고 공을 놓치면 설사 공식기록상 실책으로 기록되더라도 팀 기록에는 '허슬 플레이***'로 평가한다. 절체

*   뛰어난 기술로 아주 어려운 타구를 잘 처리하여 주자를 아웃시키거나 진루를 막은 플레이
**   잘못된 판단으로 저지른 실수
***   민첩하고 투지가 넘치는 플레이

인사관리 소프트웨어

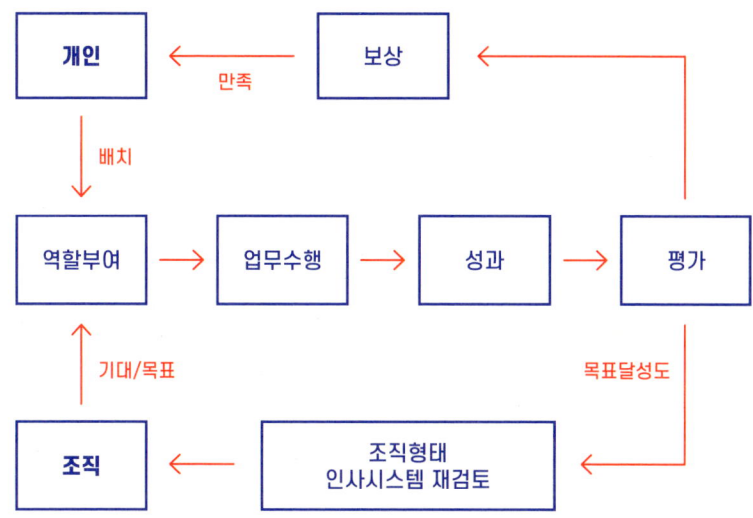

절명의 순간에 태클을 걸어 경고 카드를 받은 선수가 가만히 보고 있는 선수보다 오히려 높게 평가될 수 있다. 팀에 '필요한 플레이'를 하는 선수에게 보상하는 평가시스템이 필요하다.

평가가 용이하다는 말 역시 경기 기록을 근거로 선수가 보여준 플레이가 팀의 승리에 얼마나 기여했는지를 따지기가 상대적으로 쉽기 때문이다. 이를 기준으로 보상도 공정하게 이루어질 수 있다.

선수를 잘 뛰게 만드는 것이 스포츠 조직관리의 핵심이다. 어떤 선수로 팀을 꾸릴 것인가는 선수선발 제도 등의 외부요인과 내부역량에 달려 있지만 구성된 선수단이 베스트를 다하게 만드는 것은 감독의 리더십과 관리방식에 따라 달라질 수 있다. 사람이 성과를 낸다는 점은 여느 조직과 다를 바 없지만 운동선수를 잘 뛰게 만들기 위해서는 그들이 원하는 것을 줄 수 있는 조직이 되어야 한다. 스포츠 팀의 평가와 보상은 일반인이 아닌 선수의 마음을 움직이게 만들어야 한다. 희생정신이 인정받는 팀 문화는 하루아침에 만들어지는 것은 아니지만 어떤 팀처럼 인터뷰 요령 1번 수칙에 '도와준 동료와 소속 팀에 감사하다는 말을 먼저 할 것'이라고 행동 강령으로 정해 놓을 수도 있다.

**강팀 만들기는
이렇게 설계된다**

1 계획 세우기

팀 전력강화는 다음 쪽의 예시에서 보듯이 자기 팀이 처한 위치(현재 전력)가 어딘지, 어느 포지션이 얼마나 취약한지 등을 먼저 파악한 다음 취약포지션을 보강하는 방안을 수립해 실행에 옮기게 된다. 보강 계획을 수립하는 과정을 8단계로 구분했지만 모든 팀들은 시즌을 거치며 자신의 약점을 훤하게 파악하게 된다. 사실 전력보강 계획은 취약점이 드러나는 순간부터 추진된다고 봐도 무방하다. 다만 추진 과정이 스카우트나 코칭스태프의 감에 의존하느냐 아니면 선수가치평가기법을 통한 전력분석 통계기법 등을 응용하느냐에 따라 해법이 달라질 수 있고, 팀이 보유한 정보나 영입 여력 등에 따라 달라질 수도 있다. 해법이란 신인, 타 팀 선수, 외국선수 등 선수시장의 어느 선수가 우리 팀에 적합한 선수인지 선택하는 것을 말한다. 실제로 있을 법한 어느 팀이 해법을 도출하는 회의를 한번 따라가보자.

전력강화 프로세스

수행단계	단계별 실행방안
❶ 포지션 중요도 평가	- 승패를 결정짓는 주요 포지션 평가 - 포지션 별 가중치 부여
❷ 선수기량 평가 방식 고안	- 개인기록 근거 평가방안 고안 - 팀 기록 및 공식기록 반영 - 선수나이 감안
❸ 팀 별 선발 및 유망선수 기량평가	- 타 팀 선발 및 교체선수 평가 - 공식기록 근거
❹ 스카우트 대상 선수 기량평가	- 입단 예정선수 평가 - 외국인 선수 및 신인
❺ 팀 별 가상선발 선별	- 평가치 근거로 각 팀 가상 선발 추정
❻ 예상 순위 도출	- 포지션 중요도 및 선수기량평가 값 감안한 예상전력 도출
❼ 취약 포지션 파악	- 취약포지션 전력격차 계량화
❽ 보강계획 수립	- 선수공급 시장 감안한 보강계획수립

#사례

사장 오늘 회의는 우리 팀이 최하위를 기록한 원인을 분석하고, 팀을 어떻게 강화할 것인지 방안을 찾는 회의입니다. 먼저 올 시즌 전지훈련부터 시즌 종료까지 전 경기를 관찰한 선수단 운영팀장부터 한 말씀 해주시죠.

팀장 다른 팀에 비해 취약한 포지션이 몇 군데 있습니다. 이 약점이 번번이 수비에서는 실책, 공격에서는 빈타로 나타나다보니 3할대 승률을 기록할 수밖에 없었습니다.

사장 그걸 보강하라고 전문가들이 구단에 근무하는 거죠. 팬들도 다 아는 취약점을 왜 보강 못하는 겁니까?

팀장 보강은 지속적으로 진행되고 있습니다. 그래프를 보며 설명 드리자면, 투수력이 다른 팀에 비해 가장 약합니다. 지난 시즌 한국시리즈에 나간 두 팀과 비교하면 약 3분의 1 정도에 그칩니다. 야수 분야에서는 3할 이상 타율에 장타력이 요구되는 외야, 1루, 지명타자 부문이 취약합니다.

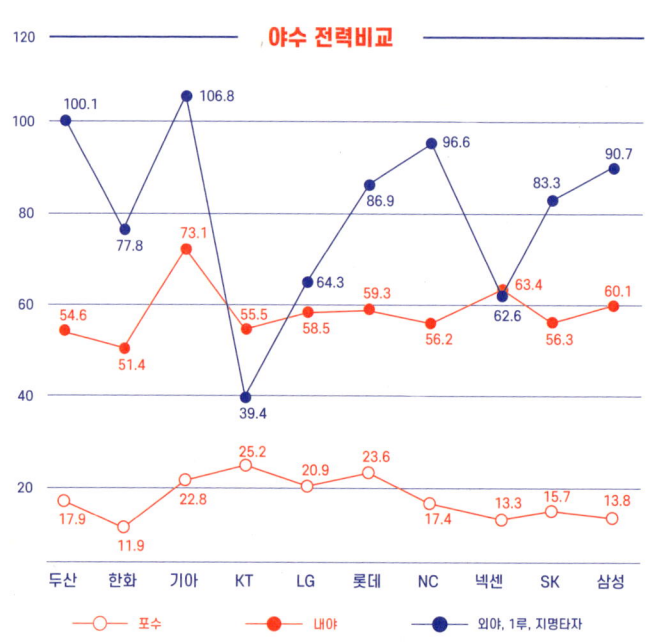

사장 지난 시즌 끝나고 선수 영입에 그 많은 돈을 쓰고도 전력보강에 실패한 이유가 뭐죠?

단장 용병 영입은 성공한 편인데 아무래도 다른 팀에 비해 주전선수와 교체선수 간의 실력 차가 원인인 것으로 판단됩니다. 또 ○○구단과 야수 트레이드가 무산된 것도 원인 중의 하나로 보입니다. 저쪽이 유망주를 달라고 해서 제가 거절했습니다.

사장 즉시전력이 필요한데 유망주를 주더라도 성사시켰어야 하는 것 아닌가요?

단장 즉시전력이 필요하긴 하지만, 저쪽에서 원한 선수는 앞으로 2, 3년 안에 10년간 주전으로 뛸 수 있는 선수라 절대로 줄 수 없었습니다. 참고로 나이를 감안한 선수가치 분석표를 보면 우리가 원하는 즉시전력과 팀 내 유망주는 엄청난 잠재력 차이가 있습니다.

사장 그럼 내년 시즌에 대비한 해법은 뭔가요?

팀장 스카우트들이 3년째 공들이고 있는 유망 신인 2명이 입단하면 일단 취약점이 좀 보강될 것 같고, 시간이 걸리더라도 2군 육성 프로그램을 강화해야 될 것 같습니다. 선수영입 경로(용병, 신인드래프트, 트레이드, 육성) 중 우리 구단의 육성 프로그램이 취약한 것으로 판단합니다.

사장 두 선수는 변경된 드래프트 제도와 상관없이 확보 가능한가요? 그리고 새로운 선수가 들어왔을 때 방출할 선수는 정했나요?

팀장 예, 변경된 제도와는 상관없이 확보 가능합니다. 내보낼 선수는 유망주와 중복되는 포지션 선수 중 성장이 더딘 2군선수와 부상선수를 방출할 예정입니다.

사장 다른 분야에 구멍은 없나요? 선수관리 시스템이나 코칭스태프에서 다른 팀에 비해 약한 부분은 없나요?

팀장 체력 관리, 정보시스템 등에서 앞서가는 구단보다 약하기는 하지만, 아웃소싱으로 해결하고 있어 크게 뒤지지 않습니다.

사장 팀 예산을 고려해 보강 전략을 짜보세요. 내년 시즌 목표는 포스트시즌 진출입니다.

앞의 사례는 어느 구단에서나 수시로 일어나는 일이다. 어떤 선수를 새로 영입하고 어떤 선수를 방출할 것인지가 주된 이슈이며, 전력 강화 프로그램 또는 관리시스템을 보완하는 방법을 논의한다. 회의에서 다루는 세부적인 사항들은 다음과 같다.

- **선수영입 경로**
  - 용병, 신인드래프트, 트레이드, 팜 시스템

- **선수 평가**
  - 전력분석 자료, Y스코어*

- **선수 육성**
  - 육성 프로그램, 훈련 프로그램 표준화

- **코칭스태프**
  - 코칭스태프의 역량 평가

- **회의 결과를 진행할 책임자 결정**

* Y스코어는 '24-0.6X(선수의 나이)'이며 야구통계전문가 빌 제임스가 만든 수치로 선수의 잠재력을 의미하는 트레이드 가치(Trade Value)를 산출하는 데 활용한다.

취약포지션의 보강은 영입할 선수와 내보낼 선수의 기량비교에서 시작된다. 비교대상은 잠재력만 가진 신인, 타팀 선수, 외국선수, 그리고 팀에서 육성중인 선수와 현재 취약하다고 판단된 포지션의 선수 등의 네 부류이다. 모든 사람의 눈에 띈 선수는 영입경쟁이 치열해져 과다지출을 동반하기 때문에 숨어있는 진주를 찾게 되고 이때 야구의 세이버매트릭스, 축구의 옵타OPTA, 21번 클럽21st Club, 스탯스포츠STATsports 같은 스포츠통계 전문기업이 개발한 방식이 활용된다.

다음은 전력 요소 강화 프로그램 및 육성 프로그램 등 시스템의 미비점을 보완하게 되고, 코칭스태프의 코칭능력을 평가해 코칭스태프 정비에 들어갈 것이다. 물론 이 모든 과정은 단장의 책임하에 추진된다.

여기서 가장 중요하게 보는 포인트는 바로 선수의 나이를 통해 그 선수의 잠재력을 평가하는 Y스코어이기도 한데, 이에 대한 자세한 설명은 이후 선수평가에 관한 장에서 할 예정이다.

2 전력 강화 디자인하기

앞의 회의는 어느 팀에서나 있을 수 있는 통상적인 접근법이다. 이제 이를 절차화 해보자. 전력 강화에 대한 논의는 먼저 이기는데 필요한 요소들을 파악하고, 변경된 제도 등 외부환경의 변화와 팀 예산 및 선수, 시설 등 내부요인을 감안하여 이루어져야 한다. 이는 팀마다 다르기 때문에 각기 다른 방안이 나오게 된다.

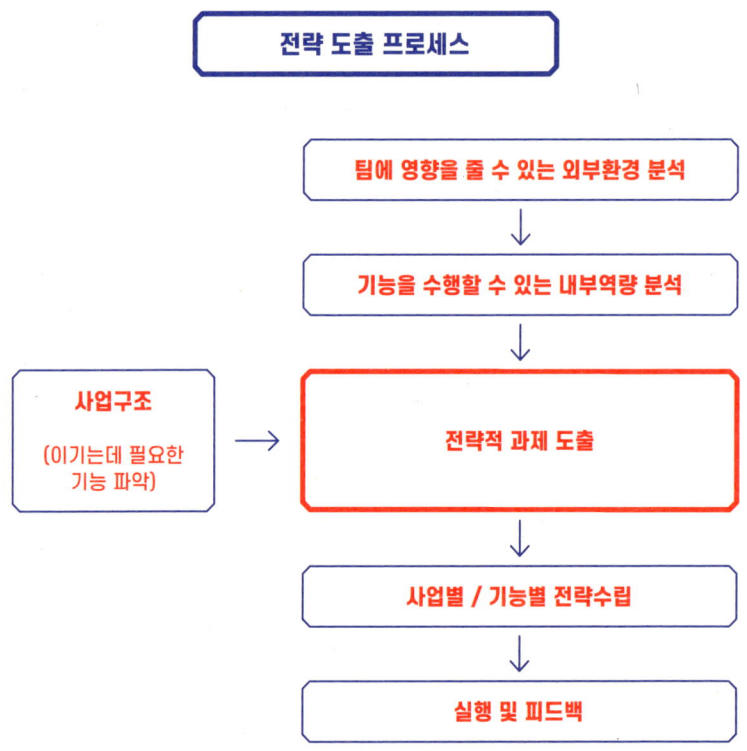

1단계 - 이기는 데 필요한 요소 점검

첫 단계인 이기는 데 필요한 요소는 선수 수급과 육성, 전력 7대 요소 강화프로그램을 포함하여 전체적인 지원 시스템이다. 이는 앞에서 설명했듯이 새로운 제도와 시스템이 개발되면서 함께 발전하고 있다.

2단계 - 외부 환경 점검

강팀 만들기에 영향을 미치는 외부환경은 정부의 스포츠 정책 같은 거시적 환경과 드래프트나 외국선수 영입, 국내선수의 해외 진출 등 종목별 제도가 포함된다. 정부의 스포츠정책 변화 사례는 학생선수의 수업참여를 유도하기 위해 연중 대회 위주로 운영되던 고교 스포츠가 주말 리그제로 바뀐 것을 들 수 있다. 당시 이 정책변화가 학생선수의 수요자인 프로구단에 미칠 영향은 크게 두 가지였다. 첫째는 프로구단이 주목하는 우수선수의 부상이 감소할 것이라는 점이다. 특히 우수선수일수록 대회 참가빈도가 높아 부상을 입은 채 프로에 입단하는 경우가 종종 있었다. 둘째는 수업 의무참가로 인한 학생선수의 훈련량 감소가 기본기나 체력의 하향 평준화를 야기할 수도 있다는 점이다. 정책변화 효과가 나타날 3년 뒤쯤엔 혹사로 인한 부상은 줄었지만 기량과 체력은 떨어진 학생선수를 뽑게 될 것에 대비해 프로구단이 육성프로그램의 보완방안을 준비하는 것 등이 이에 속한다. 팀 스포츠에 접목 가능한 과학기술의 예를 들자면 신기술의 총아인 인공지능AI을 사이버 스카우트로 활용하는 방안을 찾거나 가상현실VR 기술로 실제경기와 유사한 상황을 구현해 훈련 프로그램에 활용하는 것도 외부환경의 점검에 해당한다.

감안해야 할 외부 환경

요인	주요항목	세부내역
거시적 환경	스포츠정책	프로 및 아마추어 팀에 관한 정책
	경제	스포츠활동에 대한 지출 여력
	사회문화	스포츠참여에 관한 인식
	과학기술	과학기술의 스포츠접목
스포츠 산업 환경	산업동향	관람 스포츠 및 참여스포츠의 활성화 정도
	선수시장	종목별 선수 및 팀 수
		리그별 채택 제도
		해외 진출 경로

3단계 - 내부 여건 점검

전략을 세우기 위해 감안해야 할 내부 여건에는 선수의 전력 및 코칭스태프, 프런트 같은 인적 자원과 시설 및 장비 그리고 조직 체계가 포함된다. 내부역량 점검에서 팀 전력은 항상 상대적이라는 점을 유의해야 한다. 예를 들어 WAR 등을 활용해 분석된 팀 전력자료를 활용해 취약포지션을 보강했더라도 다른 팀 전력보강상태를 체크하지 않으면 오판할 수도 있다. 자기 팀의 전력보강은 전년도보다 보강됐다는 뜻이지 상대보다 나아졌다는 뜻은 아니다. 상대도 보강을 게을리 하지 않는다는 사실을 잊지 말아야 한다.

스포츠 팀은 앞서가는 팀의 운영기법을 벤치마킹 해 약점을 보완하는 방법을 주로 쓰지만 정보통신기술 등을 접목한 창의적인 방안을 도출하려면 외부환경 변화까지 감안할 수 있는 SWOT분석기법이 유용하다. 앞에서 예로 든 회의에서 논의된 강팀 만들기 전략은 내부의 강점Strength과 약점Weakness, 외부의 기회 요인Opportunity과 위협 요인Threat을 감안해 SWOT 분석틀로 도출할 수 있다.

예를 들어 자유계약선수FA 자격 취득기간이 9년에서 7년으로 단축되는 제도변화가 일어났다고 가정해보자. 선수 보류제도Reserve system를 채택하고 있는 리그에서 FA기간의 단축은 선수의 이적이 쉬워지는 것을 의미한다. 이러한 변화는 영입역량이 있는 팀(S)에게는 기회요인(O)으로 작용하지만 재력이 취약한 팀(W)에게는 위

감안해야 할 내부 여건

요인	주요항목	세부내역
총체적 역량	팀 운영재원	수입 및 지출 등 운영재원의 조달 능력
	팀 전력	선수 기량 및 감독 역량 외
인적 자원	리더의 역량	감독의 역량
		단장의 경영능력
	전문인력 보유	코치의 지도능력
		스카우트의 안목
		체력 관리, 정보 분석 전문가
	보유선수	포지션별 주전선수 역량
		육성선수 잠재력
물적자원	훈련시설 및 장비	연습장 및 체력단련 시설
	정보시스템	정보수집 및 분석 가공시스템
조직체계	선수단 운영조직	관리시스템(선수관리 소프트웨어 등)
		운영노하우
	조직문화	전통 및 팀 문화

협요인(T)이 된다. 따라서 재력이 있는 팀이 구상할 수 있는 S-O전략(강점으로 기회를 활용)은 'FA확보를 통한 취약포지션 보강'이 대안이 될 수 있다. 재력이 취약한 팀의 W-T(약점과 위협을 커버) 전략은 '육성 프로그램 정교화를 통한 자체수급'이나 '선수 보는 눈'(스카우트)를 늘려 '유망주 이삭줍기'로 갈 수도 있겠다.

현재 강팀도 '선수의 나이'에 약점이 있을 수 있다. 좋은 선수와 유능한 감독을 보유하고 있지만 오늘의 좋은 선수도 몇 년 뒤 반드시 은퇴가 예정되어 있기 때문에 이를 대체할 젊은 선수를 확보해야 한다. 이런 팀에게 드래프트 기회가 생긴다면 거의 100% 어린 선수를 지명할 가능성이 높다. 약팀의 경우 몇 년을 참고 기다릴 수 있는 인내력을 가진 구단주가 아니라면 선수선택 기회를 즉시전력 확보에 소진할 가능성이 높다. 강팀이 '전력의 유지'에 약팀은 '전력의 구축'에 초점을 맞출 것이다. 젊은 선수로 구성된 강팀이라면 강팀 전력을 유지할 수 있는 기간이 조금 더 길어질 뿐이다. 이와 같이 팀마다 내부역량과 환경이 다르기 때문에 같은 리그에 속한 팀도 다른 전략이 도출된다.

SWOT 분석 예시

S
코칭스태프 우수
투수력 강세
지원시스템 우수
연습장 시설 우수

W
A포지션 주전 부상
중위권 전력
팀 운영 예산 감축

O
야구인기 강세
고교 주말리그 도입
고졸선수 프로입단
프로구단 숫자 증가

SO

WO

T
학부모 후원 제도 변화
라이벌 팀 전력 강세
해외리그 진출 용이

ST

WT

챙겨야 할 디테일

15년 동안 프로야구단에서 근무하면서 '승부는 디테일에 달려 있다'는 말을 실감한 적이 많다. 프로구단에 근무하는 사람이라면 누구나 한번쯤은 겪을 수 있는 웃지 못할 해프닝들을 소개해 본다. 전부 경기장 밖에서 일어났던 사소한 일을 챙기지 않아 경기에서 패배하거나 사고가 날 뻔했던 사례들이다. 이러한 사례를 바탕으로 선수단 매니저가 챙겨야 할 열 가지 점검 항목을 제시했다.

1 옷 때문에 일어난 일

*

전날 야간경기 후 원정경기를 갔는데 주전포수 한 명이 원정 유니폼을 깜박하고 챙겨오지 않은 적이 있었다. 게다가 경기장에 가서야 뒤늦게 발견한 터라, 아무리 빠른 교통편으로 서울서 공수하더라도 경기 시작 시간에 맞추는 것이 불가능했다. 감독의 배려로 타순을 9번으로 돌리고 기다렸지만, 결국 타석에 들어설 때까지 유니폼이 도착하지 않았다. 포수는 중무장을 하기 때문에 수비 중에는 남의 유니폼을 입더라도 들키지 않지만 타석에서는 숨길 수 없다. 결국 상대팀에 양해를 구하고 그 선수는 급조한 유니폼을 입고 타석에 들어섰다.

2 밥 때문에 일어난 일

*

광주 원정경기 갔다가 광주 출신의 투수 코치가 투수들을 데리고 맛있는 음식을 한번 먹이고 싶다고 해 허락했는데. 다음날 외식했던 투수 전부가 식중독에 걸려 힘도 못쓰고 지고 말았다.

3 숙소 때문에 일어난 일

*

원정경기에서 선수단이 묵는 숙소는 대개 5성급 수준의 호텔이다. 지금은 대부분의 국내 호텔시설이 전 세계 어디에 내놓아도 뒤지지 않지만 20년 전에는 특급임에도 이상한 방이 있었다. 전주에 딱 한 군데 있던 어느 특급호텔에는 자정이 지나면 선수들이 묵는 층에 귀신이 나타났다. 신인선수들은 밤잠을 설치는 일이 많았던 것으로 기억한다. 나중에 알아보니 직원인지 손님인지 비명횡사한 적이 있다고 한다.

4 차 때문에 일어난 일

*

야간 경기 후 서울에서 부산으로 이동하는 길에 고속도로에서 선수단 버스가 멈춰선 적이 있었다. 다행히 야간이라 주행 차량이 적어 사고가 나지는 않았지만 까딱했으면 대형사고로 이어질 수 있었던 아찔한 순간이었다.

5 장비 때문에 일어난 일

*

잠실야구장에서 경기를 앞두고 타격 연습을 하던 중 날카로운 타구가 투수 앞에 세워둔 L자 그물망을 뚫고 투수의 머리를 강타한 일도 있었다. 다행히 큰 부상은 안 입었지만 자칫 방심하면 훈련 중에 흔히 일어나는 사고다.

6 인원 체크를 안 해 일어난 일

*

플로리다 전지훈련장에 갔을 때 바로 옆 구장에 세인트루이스 카디널스 팀이 스프링캠프를 차려 놓고 있었다. 당시 OB베어스와 자매결연을 맺고 있던 구단이라 연습게임이 있을 때마다 우리 투수를 파견하곤 했다. 오전에 투수 한 명을 보냈는데 돌려받는 걸 깜박하고 저녁식사 시간이 되어서야 한 명이 비는 것을 발견했다. 말도 안 통하는 외국에서 국제미아를 만들 뻔한 일이었다.

7 작은 불화를 대형사고로 키운 일

*

선수와 감독 간의 불화는 흔히 있는 일이다. 1994년 시즌 초반부터 약간의 잡음이 인다는 낌새를 알고도 항상 있던 일이라 '설마 무슨 일이 있겠어?' 하고 방치한 사이. 시즌 막판에 13명의 주전선수가 집단으로 이탈한 사건으로 비화됐다. 당시 팀 스포츠 역사상 모든 신문 방송의 톱기사를 장식한 그 대형사고는 사소한 불화를 무시한 데서 시작되었다.

열 가지 점검 항목 (Checkpoint)

'衣(옷), 食(식사), 住(숙소), 行(교통편), 所(연습장), 備(장비), 文(일지), 告(보고), 人(인원), 和(불화)' 열 자(字)의 체크포인트는 어떤 행사 준비에도 유용하게 쓰인다.

√ 의(유니폼)

원정경기 유니폼이나 이동시의 복장, 혹은 홈 경기의 세탁물 공급에 차질이 생기지 않게 해야 한다.

√ 식(식사)

선수들이 경기 전의 가벼운 식사부터 경기 후의 메뉴까지 경기력 향상과 체력강화에 도움이 될 수 있는 메뉴를 선정하는 데 만전을 기해야 한다.

√ 주(호텔)

연초 경기 일정이 확정되면 원정경기의 숙소를 연간 계약하되, 주변 편의시설이나 객실을 체크한다.

√ 이동(교통편)

경기일정에 따른 교통편을 버스, 항공편, 기차 등으로 미리 확정한다. 버스로 이동할 경우 제한속도를 엄수한다.

✓ 연습장

경기장은 홈팀에서 제공하지만 경기 전에 별도의 추가 연습을 필요로 할 경우에는 사전에 미리 연습장을 확보해 둔다.

✓ 장비

선수 개인장비 외에 연습에 필요한 공용장비를 차질 없이 준비하고 안전사고를 예방한다.

✓ 일지

업무일지나 보고서의 작성으로 제반 사항이 문서로 기록되어 사료史料로 남겨져야 한다.

✓ 보고

2군 선수 기량 등을 포함한 선수단 동향 등을 보고 라인을 통해 알린다.

✓ 인원

선수, 코칭스태프, 현장 직원, 그리고 기타인원 등 인원수를 매일 파악하여 숙식 제공 등에 차질이 생기지 않게 해야 한다.

✓ 불화

팀 내의 사소한 갈등요인도 주시해야 한다.

3   스포츠팀의 조직 구성

보는 스포츠든 하는 스포츠든 스포츠 경기가 만들어지기까지는 많은 과정이 필요하다. 경기를 보는 사람들은 선수들의 움직임만 보지만, 스포츠팀은 핵심인력인 선수 외에도 코칭스태프와 프런트로 구성된다. 그리고 이들은 선수가 경기에 나가기 전까지 벌어지는 모든 일을 담당하는 인력이다.

강팀 만들기는 이들의 공동 작업으로 진행된다. 프로구단의 경우 후발팀을 강팀으로 키우려면 최소 3년에서 5년이 걸린다. 좋은 선수와 유능한 코치를 선발하고, 팀 특성에 맞는 지원시스템, 선수 육성 프로그램, 정보시스템 등을 구축하는 데 소요되는 시간이다.

편의상 선수단을 시즌에서 뛰는 주전선수인 1군과 팀에서 키우고 있는 선수인 2군으로 나누는데, 운영 업무는 1군 운영, 2군 육성과 개발 업무, 선수단 지원 업무로 구분할 수 있다. 이 업무들은 코칭스태프와 단장을 포함한 프런트가 실행한다. 한국에서는 일부 구단을 제외하고는 구단주의 역할이 두드러지지 않지만 구단주는 사업 모델을 결정하고 팀 컬러를 주문할 수 있는 최고 의사 결정권자이며 사장, 단장, 감독에게 이의 실현을 위한 권한을 위임하는 사람이다.

선수단의 리더인 감독은 주어진 선수 중 최고의 선수로 1군을 구성하고 경기 중 작전 지시, 훈련 프로그램 구성, 코치 선임 등을 한다. 코칭스태프는 감독의 지시를 따라 맡은 분야의 기술 지도와 정보 분석, 경기 중 작전 지시 등을 맡으면서, 주로 경기 운영과 훈련 프로그램을 관장한다.

이와 같은 업무 분담은 프로구단이 업무를 추진하면서 효율성을 추구하는 과정에서 나타난 현상이다. 유럽 축구에서는 감독이 선수계약부터 트레이드까지 관장하기도 하지만 주로 하부 리그에 속한 구단들에서 일어나는 일이고, 대형 리그 구단들은 감독과 단장의 역할이 구분되어 있다. 프런트의 리더인 단장은 신인 스카우트, 선수 계약과 트레이드 등 선수단 구성을 책임지며 육성 프로그램 운영과 선수 지원 업무를 총괄한다.

프로구단의 조직도

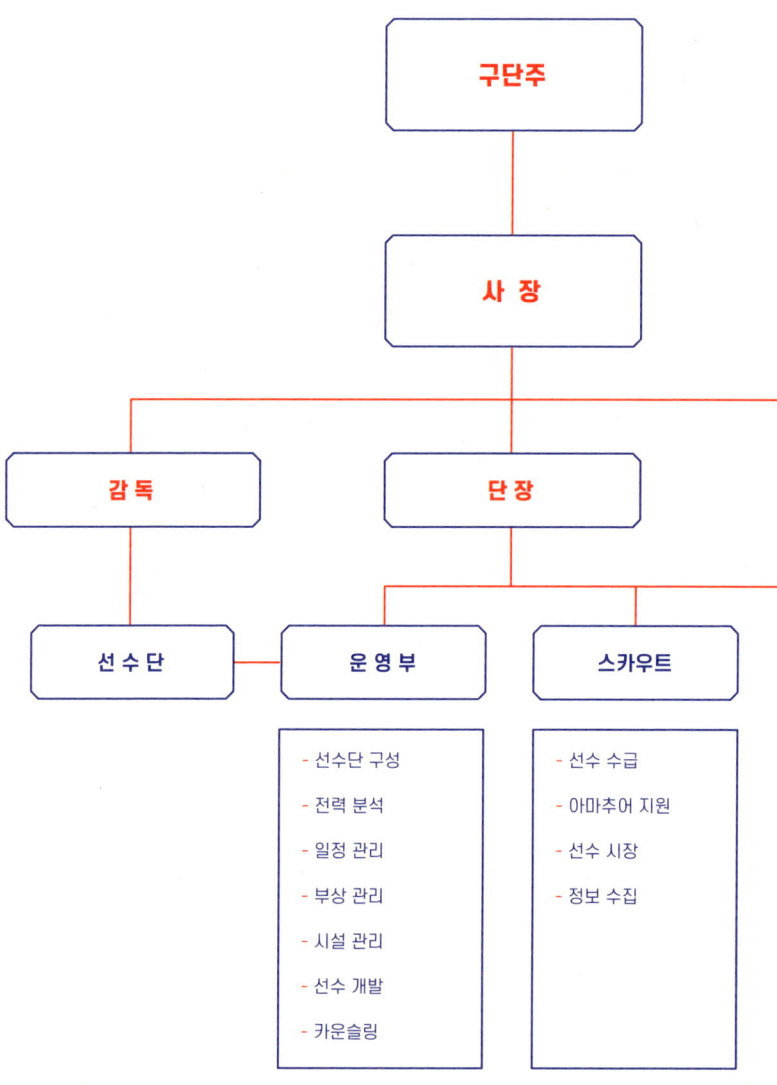

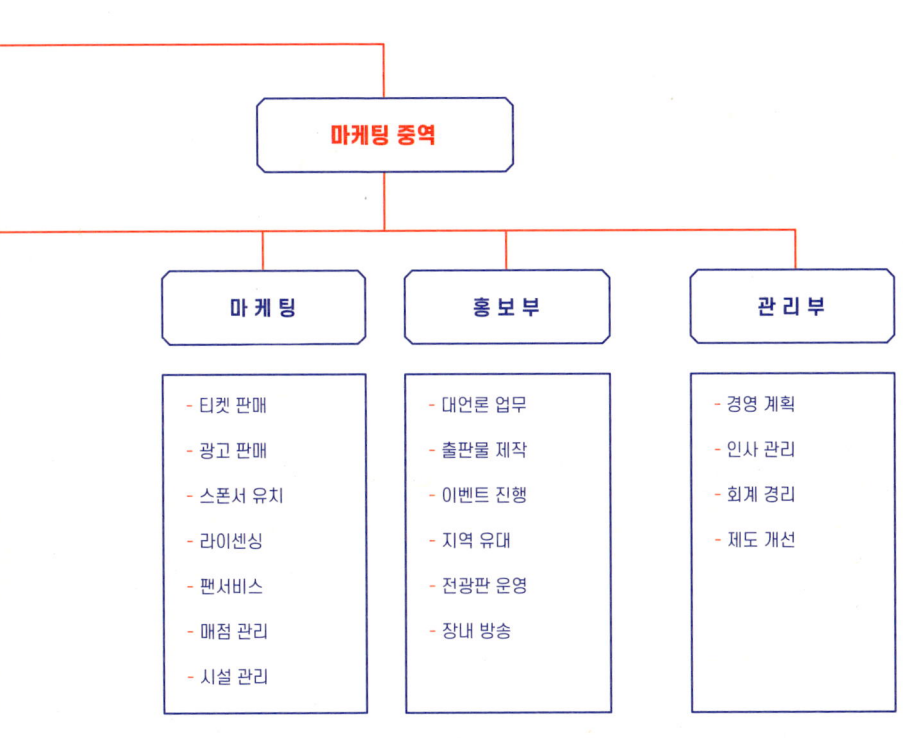

강팀 만들기는 이렇게 설계된다

팀 전력 강화와 관련된 중장기 계획은 선수 수급 계획과 맞물려 돌아간다. 선수 시장 관련 제도나 스포츠 산업환경의 변화, 내부 역량 등을 감안해 단장 주도하에 프린트에서 마련하며 감독과 협의를 거쳐 확정한다. 3년 내 우승 등의 장기 목표가 설정되면 현재의 팀 전력을 분석한 후 보강 우선순위를 정하고 선수단 재구성을 시작한다. 시즌이 시작되기 전에 신인 스카우트, 트레이드, 방출 등으로 선수단을 구성하여 구성된 선수단의 지휘권을 코칭스태프에게 넘기는 일이 단장의 가장 중요한 역할이다.

프런트가 하는 중요 업무는 좋은 선수를 발탁하는 일이다. 어떤 선수든 기량은 진보할 수도 있고 퇴보할 수도 있기 때문에, 매년 새로운 선수로 팀을 구성한다. 연례적이고 장기적인 필수 업무다. 이 업무를 수행하려면 좋은 선수를 보는 안목이 필요하다. 선수 기량의 퇴보와 향상을 감별하는 감식안이 있어야 하기 때문에, 주로 선수 출신들이 이 업무를 담당한다.

선수단 지원체계는 구성된 전력이 최고의 기량을 발휘할 수 있도록 관리하는 일이다. 선발된 선수의 기량은 주전선수라고 해도 천차만별이다. 다양한 등급의 선수가 더 나은 기량을 갖출 수 있도록 돕는 것도 관리 업무에 속한다. 여기에는 선수 개인의 체력, 기술, 동기 등을 개발하고 유지시키는 것은 물론이고, 정보를 수집하고 분석하는 업무도 포함한다.

육성과 개발 업무는 예비 전력이거나 나이가 어린 선수들의 기량을 개발하여 주전선수의 부상으로 인한 이탈이나 나이 든 선수의 은퇴에 대비해 자연스러운 세대교체를 도모하는 일이다. 특히 역량 있는 코치의 역할이 중요하다.

효율적인 선수관리를 위해서는 코칭스태프와 선수단 운영부서 간의 역할 분담이 이뤄져야 한다. 예를 들어 연봉 사정제나 내부 규정, 정보 수집과 분석, 체력강화 프로그램, 선진기술의 도입, 동기 유발 방안 등은 코칭스태프와 프런트가 충분한 협의를 한 후 방향을 설정해야 한다.

선수단 운영 업무체계도에서 선발진의 구성이나 시즌 운영전략 수립, 체력 유지, 기술 개발, 투지 관리, 정보 활용 등은 코칭스태프의 몫이라고 볼 수 있다. 이 업무는 선수단과 직접 호흡을 같이 해야 하기 때문에 선수들의 심리 상태나 선수단의 생리를 잘 이해하는 인력으로 구성하는 것이 좋다. 예를 들어 신입사원에게 선수단 주무 업무를 맡겨 경기 출전 직전 선수에게 납세고지서를 전달한다든지, 경기 중에 실책을 범한 선수 바로 옆에서 오늘 경기의 패인에 대해 떠드는 것은 절대 금기사항이다. 선수 출신이 아니거나 스포츠 생리를 잘 모르는 사람에게 이러한 선수단 운영 업무를 맡길 때에는 사전에 세심한 부분까지 충분한 업무교육을 시킨 후에 배치하는 것이 좋다.

그리고 선수단 운영 조직은 각 업무별로 전문 인력이 필요하다. 물론 폭넓은 상식과 조직적인 사고력이 필요한 일반관리 업무는 제너럴리스트generalist가 할 수 있지만 부상선수 재활 프로그램의 운영, 기록과 비디오 분석 업무, 기량 평가와 연봉 사정 업무 등은 전문가가 아니면 효율적으로 처리할 수 없는 업무들이다.

선수단 운영 프로세스에서 감독과 단장이 상의할 영역

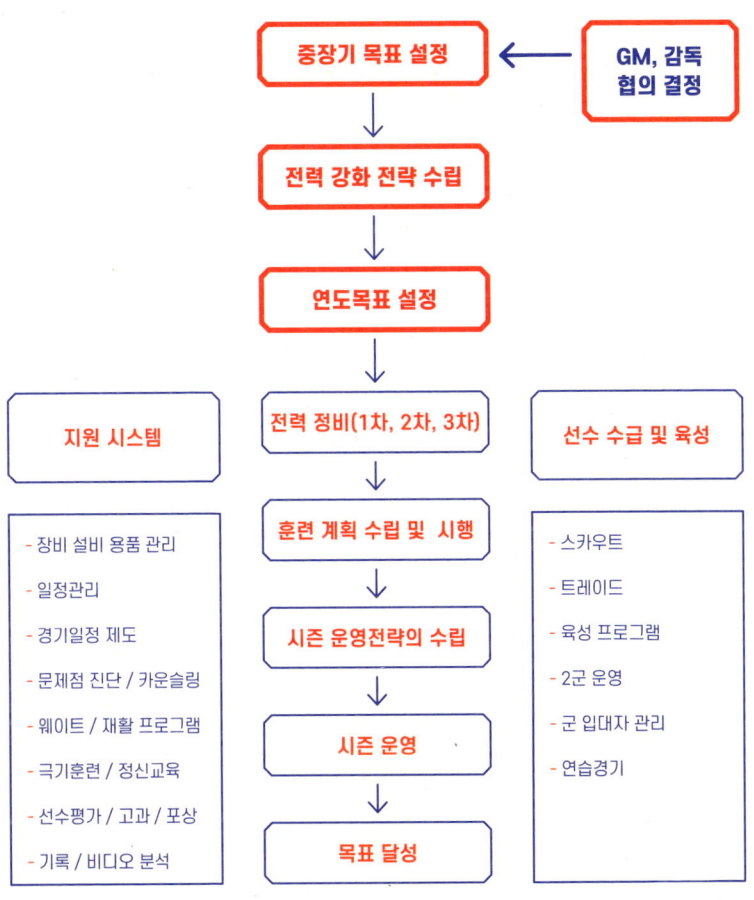

두산베어스 김태룡 단장 인터뷰

2018년 9월 현재 시즌 선두를 달리고 있는 두산베어스 김태룡 단장에게 프로구단 단장의 역할이 무엇인지 들어봤다.

사실 두산베어스에서 '단장'이라는 호칭에는 특별한 의미가 있다. 대표이사나 사장이라는 직책보다 단장으로 불리길 원했던 박용민 초대 단장 때문이다. 창단 때부터 10년간 단장을 역임했던 그는 구단운영에 관한 의문이 생기면 곧장 일본 요미우리나 세이부라이온즈, 미국의 세인트루이스카디날스 등을 직접 방문해 해결책을 찾곤 했다. 그 분이 다른 곳으로 간 이후 한동안 아무도 단장 호칭을 듣지 못했다. 그 호칭을 들으려면 그 만큼 야구비즈니스를 알아야 한다는 암묵적인 동의가 직원들 사이에 있었기 때문이다. 김태룡 단장은 선수 출신 첫 단장이자 밑바닥부터 시작해 그 직책까지 올라가 두산베어스를 강팀으로 만든 장본인이기 때문에 단장호칭을 충분히 들을만하다는 생각을 하고 인터뷰를 시작했다. 첫 질문은 눈에 띄는 스타플레이어도 없는데 페넌트레이스에서 질주하는 이유를 묻는 것으로 시작했다.

Q. 올해 압도적인 선두를 유지하고 있는 특별한 이유라도 있는지?

"시즌 전 팀 전력분석 결과는 약 4위 정도로 평가되었는데 사실 감독도 선수들이 너무 잘해 놀라는 편이다. 작년에 비해 크게 달라진 게 있다면 타격 코치를 바꾼 게 원인일 수 있겠다. 아주 치밀하게 타자를 분석하고 선수의 장점과 약점을 자료를 근거로 피드백하기 때문에 선수들 타격기술이 한 단계 업그레이드 된 것 같다.

투수 부문은 올해 새로 영입한 우완 용병 린드블럼과 후랭코프가 1선발의 부진을 훌륭히 커버해 줬기 때문에 좋은 성적을 유지할 수 있었다."

실제로 2017년 두산의 팀 평균타율은 2할 9푼 4리였는데 2018년 9월 15일 현재 팀 타율은 3할 8리를 기록하고 있다. 투수력을 가늠하는 방어율이 지난해 4.08에서 현재 5.06으로 떨어져 평균 1점 이상 자책점이 많은데도 두산이 줄곧 선두를 달리는 데는 타격기술 개선이 큰 영향을 미쳤을 것으로 판단된다.

두 번째 질문은 이 글의 화두 중의 하나인 단장의 역할이다. 누가 보면 뻔한 질문일 수 있지만 선수 출신 단장 1호의 입에서 직접 듣고 싶었다. 특히 두산에서는 '단장'이라는 호칭의 의미가 남다른 만큼.

Q. 프로구단에서 단장의 역할은 무엇인가?

"제일 중요한 일은 선수단을 구성하는 일이다. 가장 신경 쓰는 부분은 취약점이 생기지 않게 구성해야 한다는 점이다. 한국 선수들은 군대를 가야 하기 때문에 군 입대로 인해 취약점이 생기지 않게 연령별 구성을 잘해야 된다. 그리고 체력 관리 프로그램이나 정보 분석 시스템 등을 구축하는 일도 중요하다. 정보 분석이나 활용은 코칭스태프 몫이지만 시스템은 구단이 갖추어야 한다. 또 앞에서 이야기했지만 능력 있는 코치를 뽑는 일도 단장의 중요한 역할 중의 하나다. 우리구단에는 심리코치와 1, 2군 선수의 기량을 체크하는 코디네이터도 두고 있다. 체력 관리는 선수들이 스스로 하는 편이지만 2군에는 별도 프로그램을 도입할 계획이 있다. 고교 출신 2군 선수들은 주말 야구에 익숙해 아직 매일 경기하는 제도에 적응을 잘 못하는 것 같다."

내 경험에 비추어 선수단 구성을 쉬운 말로 표현하자면 '스카우트한 선수 수만큼 선수를 내보내는 일'이다. 유망한 선수를 뽑는 일에 앞서 그 선수가 들어오면 내보내야 할 선수를 찾아야 하는데, 이는 말만큼 쉬운 일은 결코 아니지만 단장이 해야 할 일 중의 하나다. 시스템 구축은 매일 실시간으로 생성되고 공개되는 새로운 정보를 반영시키는 게 관건이다. 이 또한 쉬운 일은 아니지만 선수 생활, 부상으로 인한 은퇴, 정보 분석 기록원 경험 등이 김 단장이 정보를 취사선택할 때 유리하게 작용할 것이다.

사실 이 세 번째 질문에는 프런트 유 경험자로서 특별한 의미가 담겨있다. 감독과 단장의 트러블이 팀을 망치는 경우를 많이 봤기 때문이다. 두산은 다른 어느 구단보다 먼저 단장이 감독과 직제상 같은 위치에 서게 만든 조직이다. 지금은 이 직제가 거의 보편화되었지만 대개의 구단은 감독의 권력이 단장보다 우위에 있는 경우가 많았다. 이 질문에는 역할 분담뿐만 아니라 그것을 묻는 내용도 포함되어 있다.

Q. 감독과의 역할분담은 어떻게 하나?

"출전선수 선택과 경기 운영은 전적으로 감독의 일이

고, 선수단 구성은 내가 하는 일이다. 이견이 생기면 둘이 합의해 최선의 방안을 끌어낸다. 내가 선수 출신이기 때문에 유망주를 추천하는 등 가끔씩 조언은 하는 편이다. 아무리 유망주라도 감독이 기용하지 않으면 선수는 끝이기 때문이다. 감독이 출전 기회를 잡지 못하고 있는 유망주의 자질까지 잘 알 수는 없지 않겠나? 그 정도의 조언에 그친다. 기본적으로 코치는 선수 가르치는 일, 감독은 좋은 선수를 선택해 경기를 운영하는 일, 단장은 선수단 구성하는 일로 역할이 구분되어 있다."

Q. 두산베어스에만 있는 노하우라고 하면 뭐가 있을까?

"사실 지금은 거의 모든 구단이 비슷한 시스템을 구축해 놓고 있기 때문에 감출 수 있는 특별한 비법이 따로 있을 수 없다. 다만 있다면 육성 시스템의 중요성을 가장 먼저 인식해 2군을 최초로 만들었고, 스카우터의 전문성을 인정해 선수선발에 관한 한 스카우터의 의견을 존중하는 것 등이 팀 문화에 일찌감치 녹아들어가 있는 게 노하우라면 노하우일지 모르겠다. 또 선수 연령대별로 포지션별 라인업을 구성해 전력유실 때 바로 대처하는 것도 두산이 일찍 시작한 것일 뿐이지 노하우라고 할 수는 없다. 정보 분석 시스템도 80년대 후반에 두산이 가장 먼저 구축했지만 지금은 큰 차이가 없다고 본다."

Q. 단장직을 맡으면서 기억에 남는 일이 있다면?

"2013년 시즌 준우승 후 젊은 선수로 세대교체를 단행하고 2년 뒤 2015년 한국시리즈 우승했던 일이 기억난다. 당시 주축이었던 나이든 선수로는 우승이 불가능하다는 판단이 섰고, 팬들의 비난은 받았지만 FA 자격을 취득한 이종욱, 손시헌 등을 내보내고 젊은 선수들로 선수단을 구성했고 2년 뒤 성과가 나타났다. 또 올 시즌도 니퍼트를 포함해 외국인 선수 세 명을 전부 교체했는데 아직은 성과가 나쁘지 않은 것 같다."

잠실야구장에서 있었던 이날 인터뷰 자리에는 마침 두산베어스 김정균 육성팀장이 자리를 함께 해 멘탈코치에 대해 얘기를 나눌 기회가 있었다. 다른 팀처럼 외부 전문가의 자문 형식이 아닌 정식 코치에게 '정신력 강화' 임무를 맡긴 이유를 그는 "선수들의 스트레스 관리와 동기부여를 위해서는 현장에서 선수와 함께 생활하며 해법을 제시해야 한다"는 판단에서라고 했다. 선수와의 면담만으로 하는 자문은 선수 심리 상태의 분석에 그치는 경향이 있지만 팀에 소속된 멘탈코치는 선수의 심리 상태가 어떤 플레이로 표출되는지를 관찰해 실질적인 해법을 제시할 수 있을 것으로 보고 직책을 만들었다고 한다.

 인터뷰 후 얼마 뒤 두산베어스는 2위가 따라잡기 힘들 정도의 압도적인 게임 차로 페넌트레이스 1위로 올라섰고 한국시리즈로 직행했다. 김태룡 단장은 타격 기술을 업그레이드시킨 코치의 영입과 운 좋게 스카우트한 투수 두 명의 호투 등이 올시즌 페넌트레이스 독주의 비결이라고 했다. 하지만 감독과 단장의 역할 분담이 제대로 되고 경험 많은 프런트가 선수단관리 시스템의 중요성을 인식하고 실행하는 조직문화가 저변에 깔려있는 것도 일조했을 것으로 짐작된다.

강팀 만들기의
핵심

1 숨은 진주를 찾아내는 스카우트

강팀 만들기의 핵심 기능은 좋은 선수를 유능한 감독에게 맡기는 일이다. 타고난 좋은 선수는 희귀하기도 하거니와 아무리 좋은 선수도 언젠가는 은퇴해야 하는 '한시적인 물건'이기 때문이다. 이 때문에 잠재력 있는 선수를 찾아 훌륭한 선수로 키우는 일이 중요하다. 프로선수가 되는 데에는 평균적으로 9년의 시간이 걸린다. 초등학교 3학년 즈음에 운동을 시작해 고등학교 졸업할 때까지 걸리는 시간이다. 팀이 잠재력 있는 선수를 발굴하고 키우는 일은 그 9년의 시간 중 어느 시점에 개입해 팀에 필요한 선수로 만드는 일이다. 다음으로 중요한 기능은 앞서 설명한 팀 전력을 구성하는 7대 요소를 강화하는 일이다.

강팀 만들기의 핵심 중 하나가 스카우트라는 사실을 잘 모르는 사람들이 많다. 스카우트 업무는 주로 선수 출신이 맡으며, 팀에 당장 필요한 현재 전력뿐만 아니라 미래 전력을 발굴하는 일이다. 스카우터는 신인드래프트 대상인 선수부터 타 팀 후보 선수, 외국인 선수 등의 인적 자원 정보를 관찰하고 뛰어난 선수를 낚아채는 일을 하는 사람들이다. 일반 회사의 인사 담당자와는 뽑는 방식이 다르다. 만약 스카우터가 일반 회사의 인사 담당자처럼 많은 후보자를 추천 받아 그중에서 타사에 뒤지지 않는 근무조건과 환경을 제시하여 선수를 모은다면, 절대로 중간 이상의 성적을 기대하기 어렵다.

프로가 되고자 하는 선수에게 '충분한 보수'는 분명 매력적인 제안이지만 그것만이 전부는 아니다. 한때 서울 출신의 많은 고교야구 선수가 두산베어스 입단을 희망한 이유는 감독이 실력 위주로 선수를 기용한다는 원칙을 지켰기 때문이었다.

선수단 운영조직 모델

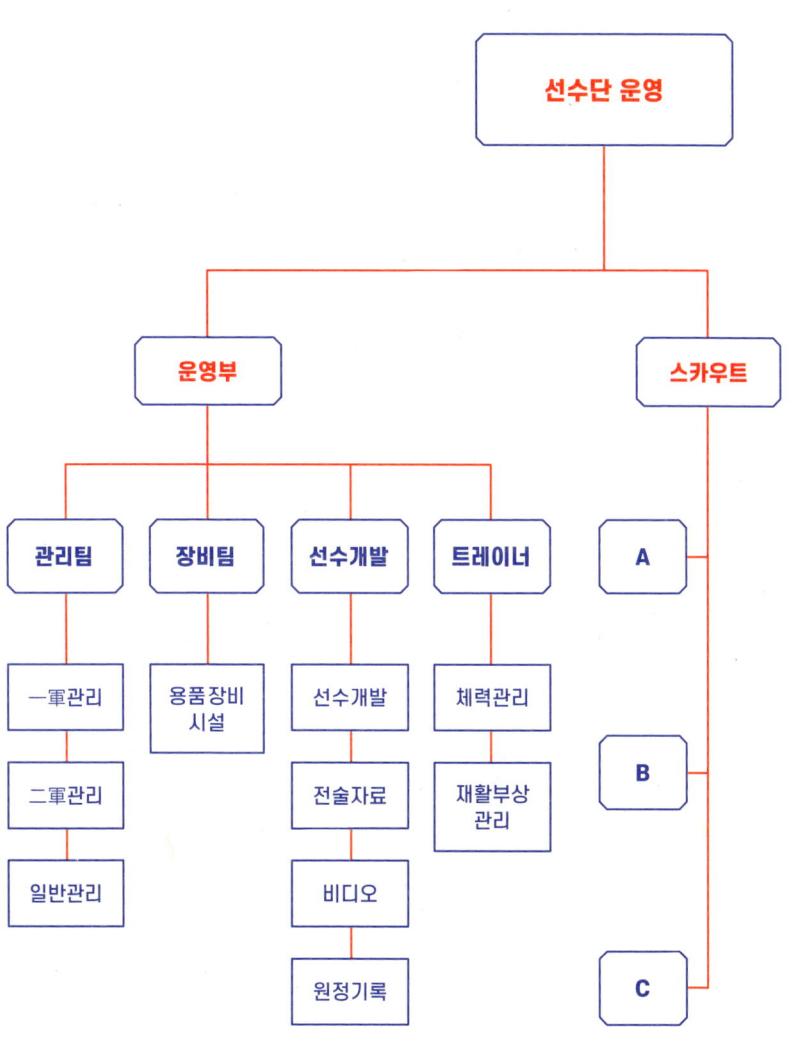

스카우트는 '발굴 - 선택 - 설득'의 세 단계를 거쳐 이루어진다. 실력이 두드러진 선수나 잠재력이 있는 선수를 찾아내는 것이 발굴이라면, 여러 유망주 중에서 팀 여건에 맞춰 한 선수를 고르는 것이 선택이다. 최종적으로 선택된 선수에게 팀 유니폼을 입히기 위해서는 왜 우리 팀에 와야 하는지 설득해야 한다.

발굴 과정에서는 안목이 필요하다. 신체조건이나 공 다루는 기술 등 눈에 보이는 것들은 누구라도 감별할 수 있다. 안목이란 눈에 보이지 않는 숨은 잠재력이나 결점을 찾는 능력을 말한다. 주로 심리적 문제가 숨어 있는 경우가 많은데 베테랑 스카우터들은 나름대로 이를 감별하는 노하우를 갖고 있다.

프로구단에서 근무할 때 스카우트 부장과 함께 선수들을 만나러 다녔다. 그때 나는 주로 인터뷰를 하면서 선수의 어휘 구사능력을 살펴보곤 했다. 이는 내가 선수의 지적 능력을 감별하는 수단 중의 하나였다. 대다수의 스카우터는 좋은 선수를 감별해내는 그들만의 노하우를 가지고 있다. 감독으로 은퇴하기 전까지 21년 동안 승률 85%라는 깨지지 않는 기록을 남긴 미국의 전설적인 미식축구 감독인 보 스켐베클러Bo Schembechler는 재능보다 품성을 높게 평가하는 감독이었다. 그는 선수를 발탁하기 전에 직접 그의 가정을 방문하기도 했다. 태도가 나쁜 선수는 아무리 재능이 뛰어나다고 해도 뽑지 않았다. 반대로 체격 조건이 중요한 미식축구 선수로는 부적합하다고 여겨지는 작은 체구의 선수도 맑은 눈을 보고 발탁했다고 한다.

감독이 원하는 선수를 팀으로 영입하기 위해서는 다양한 노력이 필요한데, 많은 정보를 가진 사람일수록 유리하다. 사실 스카우트 분야에 오래 종사한 베테랑 스카우터는 선수에 관한 특별한 정보뿐만 아니라 사람을 다루는 노하우를 갖고 있다. 구단 역시 선수에 관한 기본정보를 모을 필요가 있다. 선수 및 가족의 성향, 교우관계 등 선수에 관한 정보가 많으면 많을수록 팀에서 꺼내 보일 수 있는 카드가 많아진다. 연봉이 가장 매력적인 인센티브이긴 하지만 선수에 따라 구단의 문화나 전통, 실력 있는 감독, 시설 등도 그 팀에 가고 싶어하게 만드는 요인이 될 수 있다. 그리고 가능하면 어린 선수들까지 포함된 유망선수 데이터베이스를 구축해두고 성장과정을 체크하는 것도 정보를 축적하는 유용한 수단이다. 실제로 한국 4대 프로리그 종목의 학생선수 숫자는 표에서 보듯이 그리 많지 않다.

또한 선수의 기량에 관한 정보도 체크리스트를 만들어 축적할 필요가 있다. 참고로 소개하자면 아래의 표는 강원FC와 공동으로 개발한 축구선수의 기량 체크리스트로 스카우터가 유망선수의 기량을 체크할 때나 팀 공헌도를 평가할 때에 활용할 수 있다.

4대 프로스포츠 종목별 학생선수

종 목	감독(명)	코치(명)	프로선수	초등선수	중학선수	고교선수	대학선수
프로야구	10	229	628	4249	3282	2102	959
프로축구	21	71	748	7496	7765	5284	2643
프로농구(남)	10	29	165	441	447	390	292
프로농구(여)	6	12	92	331	220	168	96
프로배구(남)	7	59	117	447	345	328	-
프로배구(여)	6	39	96	308	217	185	-

출처:『4대 프로스포츠 발전방안』, 한국스포츠정책개발원, 2016

축구단의 수비수 기량 체크리스트

공격 요인	5	4	3	2	1
• 골키퍼에게 패스를 받을 수 있도록 빠르고 적절하게 위치를 선정하였다					
• 동료 선수에게 패스를 받을 수 있도록 빠르고 적절하게 위치를 선정하였다					
• 모든 패스를 정확하게 하였다					
• 골키퍼에게 패스를 받기 힘들 때에는 적절하게 상대의 접근을 차단하며 방어하였다					
• 동료가 패스를 안전하게 받을 수 있도록 적절한 지원 플레이를 하였다					
• 적절할 때 우리 진영에서 상대 진영으로 침투패스를 하였다					

수비 요인	5	4	3	2	1
• 주위의 선수들과 의사소통을 하였다					
• 플레이 흐름을 읽고 예상하여 움직였다					
• 상대를 정확하고 타이트하게 마크하였다					
• 공중볼을 적절하게 차단하였다					
• 필요 시 동료 수비를 도와주었다					
• 패스를 차단하였다					
• 상대를 압박하고 상대의 의도를 사전에 차단하였다					
• 수비조직을 제대로 이끌었다					

심리적 요인	5	4	3	2	1
• 90분 동안 지속적으로 활동하였다					
• 경기 내 경쟁력 있는 움직임을 보였다					
• 강한 정신력으로 무장하였다					
• 경기 집중도					
• 자신의 역할을 이해하고 움직였다					

2   진주를 가공하는 육성 시스템

육성 시스템이란 미국 메이저리그의 팜 시스템이나 유럽 축구의 유소년 클럽과 같이 상위리그에서 필요한 선수를 공급하는 시스템을 말한다. 어린 선수를 뽑아 단계적으로 성장시키는 방식이 유럽 축구의 일반적인 클럽 시스템이다. 또한 선수 육성을 위해 메이저리그의 세인트루이스 카디날스 구단이 1919년 최초로 개발한 것이 미국 야구의 팜 시스템이다. 유럽 축구계에서는 메이저 프로클럽에서 6세부터 16세까지 다양하게 분포된 어린 선수들을 단계별로 준비된 체계적인 프로그램으로 육성한다. 반면 미국 야구는 프로 입단계약을 맺은 선수들을 신인 리그부터 싱글A, 트리플A까지 분포된 마이너리그 시스템에서 육성한다.

두 방식 모두 선수 육성에 유용하지만, 한국에서 뿌리내리기는 쉽지 않다. 한국 유소년 스포츠의 주류가 아직도 초, 중, 고등학교 운동부를 중심으로 한 학교 스포츠로 이루어져 있기 때문이다. 학교 운동부는 학생을 운동선수로 키우는 데 전력하기 때문에 운동에 재능 있는 학생은 스포츠 혹은 학업 둘 중 하나를 택해야 한다. 이때 교육열 세계 1위, 출산율 세계 꼴찌에 속하는 나라의 학부모는 대개 갈등과 고민 끝에 자식들에게 학업을 강요하게 된다. 학교 운동부에서 운동을 하면 공부를 전혀 할 수 없기 때문이다. 그래서 유럽식 선수 육성 방식이 아직은 뿌리내리기 어렵다. 유럽의 선진화된 클럽시스템은 학교교육과 축구를 통합한 프로그램을 운영하고 있다. 대한체육회와 생활스포츠협의회의 통합으로 인해 앞으로는 유럽식의 클럽 시스템이 활성화될 전망이지만 아직은 먼 훗날의 이야기다.

성인선수를 육성하는 메이저리그의 팜 시스템은 프로구단의 재정적인 문제 때문에 당분간은 정착하기 쉽지 않다. 마이너리그에 소속된 선수의 연봉을 메이저리그 구단에서 지급해야 하는데, 한국 야구단은 1군 운영도 재정적으로 어려운 판에 수입이 발생하지 않는 2군선수를 몇 년 동안 보유하기가 어렵기 때문이다. 메이저리그와 마이너리그는 선수 육성 계약 Player Development Contract 을 맺은 제휴관계이다. 마이너리그 구단주는 따로 있지만 연봉은 메이저리그가 전체를 부담한다. 마이너리그 구단은 선수연봉을 제외한 식비 등을 부담한다. 마이너리그 선수는 메이저리그 구단이 관리하며 마이너리그에서 자체적으로 선수를 뽑아 육성시키는 경우는 없다. 대부분의 마이너리그 구단은 위탁 운영되지만 일부 마이너리그 구단은 메이저리그가 직접 관리하기도 한다. 선수 스카우트와 육성을 통합적으로 관리하기 위해서이다.

프로구단에서 선수 육성이란 프로에서 필요로 하는 선수를 키운다는 말이다. 프로구단은 프로에서 통할 만한 기술과 체력, 인성 등의 소양을 갖춘 선수를 원한다. 그런 면에서 장기적으로 선수 육성 시스템은 유럽 축구의 유소년 클럽 운영 방식을 눈여겨볼 필요가 있다.

유럽 축구단의 유소년 클럽은 엘리트 유소년 선수들의 기량 향상을 도모하고 조기 발굴을 통해 프로팀에서 뛸 수 있는 선수들을 양성하는 곳이다. 클럽 지도자들은 재능 있는 선수들을 조기에 발굴하여 선수들이 상위클럽과 일찌감치 연결될 수 있도록 한다. 클럽에서 특히 지도자들에게 강조하는 것 중 하나는 유소년 선수들이 학교교육이나 직업교육에 잘 적응할 수 있도록 선도해야 한다는 점이다. 또한 아이들이 "축구 하는 재미와 기쁨"을 잃게 만들어서는 안 된다고 강조한다. 참고로 오른쪽 표의 프로그램은 한국프로축구단에서 벤치마킹 한 바 있는 독일의 바이엘 04 레버쿠젠 Bayer 04 Leverkusen 팀이 유소년 클럽을 운영하는 방침이다.

연령별 차별 프로그램

구분	프로그램	비고
U-7/8	- 볼 감각 익히기(볼 키핑, 페인팅, 패싱 게임) - 경기하는 즐거움 - 그룹/팀과 함께하는 경험	- 기초훈련에 초점 - 축구 하는 기쁨과 재미 알게 함
U-9/10	- 기초 기술의 습득과 숙련 - 볼이 있을 때와 없을 때의 감각 훈련 - 특수한 상황에 요구되는 민첩성과 순발력 훈련 - 개인기술 훈련 / 1:1에서 공격자와 수비자 입장 전술 훈련 - 팀과 호흡을 위해 소 인원 그룹별 전술 훈련	
U-11/14	- 헤딩게임 - 다양한 슈팅연습 - 고급 기술(터닝 슛 / 오버 헤드킥) - 공이 있을 때와 없을 때의 감각 훈련 - 강한 상대와의 연습을 통한 기초기술의 숙련 - 빨라진 경기 속도에의 적응 - 그룹 공격과 방어 기술의 다듬기 - 기본적인 팀 전술로의 입문: 포지션 게임이 중요 과제 - 소 인원 그룹으로 전문코치가 차별화된 특수훈련	- 엘리트 교육 시작 - 주3회로 연습량 증대 - 방학캠프 / 해외교류 - 포지션별 기술훈련
U-15/16	- 팀 전술에서의 역할 연습 - 기초체력 - 가장 강한 그룹을 상대로 하는 기초기술의 숙련화 - 신속한 판단력과, 경기 속도의 학습 - 포지션별 기술습득을 위한 소 그룹별 특별훈련 - 자연스러운 몸통 근육의 발달을 돕는 웨이트 트레이닝	- 주 4회 훈련 - 주 1회 포지션별 특훈 - 합숙프로그램 도입 - 의학적 진단 - 특별 이론교육 - 축구자격증 취득교육
U-17/18	- 팀 전술에서의 역할 연습 - 기초체력 - 강도 높은 협동심과 순발력 훈련 - 최상의 속도에서 터득 기술을 발휘할 수 있기 위한 훈련 - 실전단계 입문을 위한 전술적, 기술적, 정신적 준비	

출처: 『K-리그 중장기 발전계획』, 2007

한국프로구단이 유럽식 혹은 미국식으로 선수육성 프로그램을 운영하기 위해서는 시설을 포함한 여러 하드웨어 성격의 기반뿐만 아니라 훈련 프로그램 등의 소프트웨어가 함께 갖추어져야 한다. 무엇보다도 유소년 클럽부터 성인 클럽까지 일관된 지도체제*를 갖추는 것이 중요하다. 야구는 마이너 시스템의 위탁 운영, 축구는 학교교육을 병행하는 유럽 시스템이 우리 실정에 맞게 도입될 필요가 있다. 참고로 유럽 축구클럽이 운영하는 유소년 클럽 중 모범적인 선례인 바이엘 04 레버쿠젠(이하 바이엘 04) 유소년 클럽 조직을 보자. 이 클럽은 유소년 163명을 지도하는 스태프만 예순 명에 달한다. 유소년 지도자와 바이엘 04 관계자뿐만 아니라, 약 스무 명의 지역별 자원봉사자들로 구성된 스카우트 팀에서 유소년 선수를 선발한다.

스카우트 대상 지역은 바이엘 04가 U-7세 유소년 선수들을 대상으로 시합을 개최하는 레버쿠젠 인근 50~60킬로미터 이내 지역이고 15세 미만 선수에 한한다. 선수 테스트는 주로 기술적 측면, 몸놀림, 스피드, 경기 운영, 그리고 적응 능력(인성, 팀 정신, 판단 능력, 배우고자 하는 의지)에 초점을 맞추며, 연령별로 다른 기준을 적용한다. 훈련 프로그램은 연령별로 차별화되어 있지만 바이엘 04의 팀 정신과 경기장 안팎에서 스포츠맨답고 친절한 태도를 몸에 배게 행동하는 것은 전 연

* 유소년부터 성인까지(5-21세) 클럽에서 동일한 지도방식을 적용하는 체제를 말하며, 선수 수준에 따라 가르치는 기술은 다르더라도 지도방식은 같아야 한다는 의미다. 선수가 상위 수준의 클럽으로 승격될 때마다 다른 지도방식으로 인해 발생할 수 있는 혼란을 방지하고, 하위 클럽에서 습득해야 할 기술을 하위 클럽에서 반복 지도해야 하는 시간낭비를 줄일 수 있다.

바이엘 04 유소년 클럽 스태프 조직

	분야	자격증 외			총원
클럽 스태프 25명	클럽 관리	책임자 1명 포함			3명
	선수개발	관리자 1명 포함			4명
	스카우트	팀 장 1명 포함			3명
	의료	의사 1명 외			4명
	시설관리	책임자 1명/기사 2명 포함			5명
	특별강사	골키퍼 코치 포함			6명
연령별 코칭스태프 35명	연령별 팀	감독보유자격	코치	담당자	계
	U18 / U17	축구 지도자	2명	1명	4명
	U16	축구 지도자, 체육교사	2명	1명	4명
	U15	체육교사	2명		3명
	U14	A-자격증	1명	1명	3명
	U13	체육교사	1명	1명	3명
	U12	체육교사. B-자격증	1명	1명	3명
	U11	자격증 없음	1명	1명	3명
	U10	B-자격증	1명	1명	3명
	U9	B-자격증	1명		3명
	U8	자격증 없음	1명	1명	3명
	U7	1명	1명	1명	3명

출처:『K-리그 중장기 발전계획』, 2007

령의 선수에게 요구된다. 또한 영국 맨체스터유나이티드Manchester United와 제휴를 맺어 두 클럽 간 공동 합숙 프로그램, 지도자와 엘리트 유소년 선수들의 교환 훈련 프로그램 등도 시행한다.

한국 유소년 클럽이 주목할 만한 점은 16세 전후 선수들을 대상으로 직업 또는 교양 프로그램을 시행하고 있다는 점이다. 축구선수로서 자질은 있지만 축구 외에 다른 확실한 직업을 선택하기 어려운 유소년들을 위한 프로그램으로, 6개월 동안 진행된다. 주중에 실시되는 이 프로그램은 훈련시간 이외에 남는 시간을 활용해 축구선수로서 갖추어야 할 소양과 프로선수로 성공하지 못했을 경우 다른 직업을 구할 수 있도록 기초 지식을 가르친다.

성인선수를 경기를 통해 훈련시키는 미국 메이저리그 시스템과 유럽의 유소년 클럽 시스템의 운영 목적은 동일하다. 유망선수를 육성해 미래의 자산을 만드는 것이다. 한국은 교육제도와 학교체육 위주의 엘리트 양성 시스템으로 인해 이 같은 시스템을 도입하는 게 아직은 어렵다. 그렇지만 치솟는 프로선수 연봉에 대응하려면 한국 프로구단에서도 언젠가는 미래의 구단 자산을 양성하는 육성 시스템을 구축해야 한다.

바이엘 04의 특별교육 프로그램 과목

구분	주요 내용
축구이론	- 훈련 프로그램의 작성 - U7-U10 코치보조 - 경기분석 및 자료 준비 - 고급 이론
클럽 실무교육	- 사무보조 (기록, 컴퓨터 등) - 경기장 관리 보조 (잔디관리 등) - 매점/기념품 판매업무 보조 - 상품창고 관리보조 - 훈련용품, 탈의실 관리보조

인성교육	- 문제해결 능력 배양
	  - 고민을 감독에게 털어놓는 방법
	  - 선수들과 관계개선/ 팀원과 성격의 조화/친구 만들기 등
	  - 경기를 잘 했을 때와 못했을 때 대처방식
	  - 축구 이외에 인생에 대한 설계
	- 자신감 / 책임감 / 의지/ 솔선수범하는 자세 / 협동심

재산관리	- 에이전트 상담요령 - 투자관리 (제휴은행과 함께 프로그램 준비) - 대출/보험/계좌관리 등
기본소양	- PC교육 - 영어교육 - 실생활에 필요한 경제상식

출처: 『K-리그 중장기 발전계획』, 2007

3   전력 7대 요소의 강화

근육이 기억하는 기술을 순간적인 상황에 맞게 대처하는 것이 실전에서 드러나는 선수의 플레이다. 선수들은 눈으로 보거나 코치로부터 배운 기술을 근육이 기억해 경기 중에 순간적이고도 자동적으로 튀어나올 때까지 훈련을 거듭한다.

그런데 선수가 어느 상황에서 순간적으로 특정 플레이를 하기까지는 많은 요소들이 작용한다.

'내가 직접 골을 넣을까, 아니면 어시스트를 할까?' 물론 성공 확률이 높은 쪽을 선택하겠지만 희생정신이 정착된 팀이냐, 선수 개인이 주목 받는 게 우선인 팀이냐 하는 문화 차이가 선수의 플레이를 결정할 수도 있다.

'부상을 입더라도 대형리그 선수들이 하듯이 과감한 플레이를 할까, 아니면 한국리그 선수들이 하듯이 보편적인 플레이로 실책을 면할까?' 선수가 속한 리그나 자신이 본받고자 하는 리그의 선수가 주로 하는 플레이도 영향을 미칠 수 있다.

'둘째 아이가 곧 태어나는데… 오늘 찬스가 오면 눈에 띄는 플레이를 해서 감독 눈에 들고 주전 자리를 확보해 다음 시즌 연봉을 반드시 올려야겠다.' 가족을 부양해야 하는 의무감이 적극적인 플레이를 하게 하는 동기로 작용할 수 있다.

어이없는 실책을 범한 그런 상황이 이번 경기에서는 나오지 않기를 간절히 기도까지 했는데 꼭 같은 상황이 벌어져 같은 실수를 반복하는 선수도 있다. 마음 한구석에 저장되어 있던 불만족스러웠던 나쁜 기억이 반복적으로 튀어나와 경기를 망치는 현상이다. 다음 쪽의 표는 이러한 상황을 소비자행동이론 모델을 근거로 만들어 본 선수의 플레이결정 모델이다. 플레이는 순간적으로 행해지지만 그 기저에는 환경적 요인이나 심리적 요인, 그리고 경기나 훈련을 통해 저장된 기억 등 다양한 요소들이 작용한다.

선수의 플레이 결정 과정

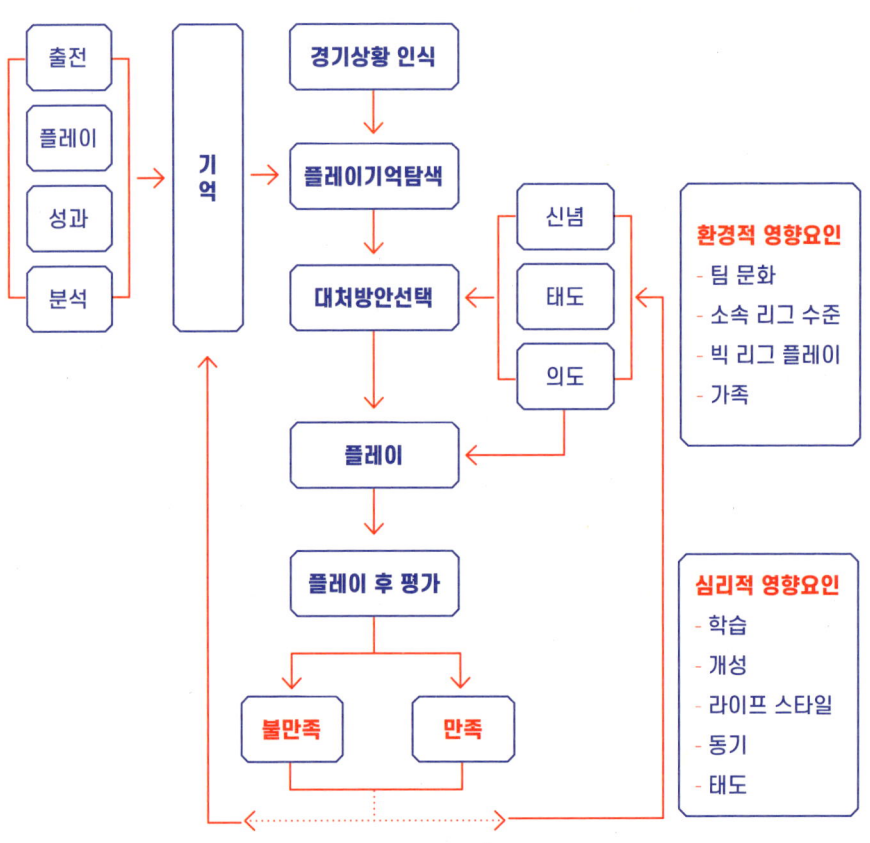

팀 전력구성 7대요소 및 강화방안

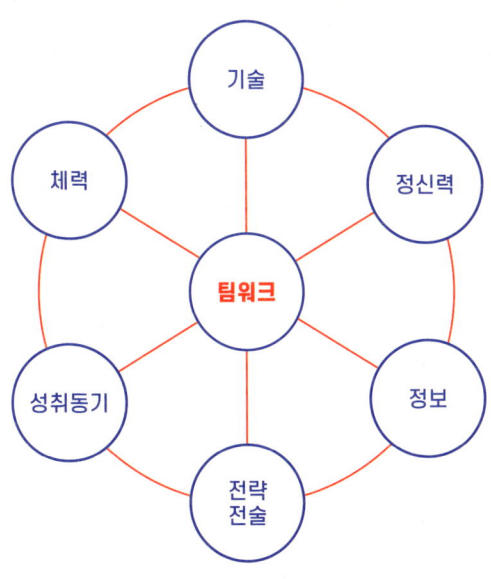

구분	강화방안	
기술	- 우수한 코칭스태프의 구성 - 훈련 프로그램의 개발	- 훈련 지원 - 선진기술의 도입
체력	- 기술체력 강화 - 부상예방	- 재활프로그램의 시행
정신력	- 엄선된 선수모집 - 육성시스템의 정신교육	
성취동기	- 평가제도의 효율적인 시행 - 인센티브 제도의 시행	- 카운슬링
정보	- 정보수집 및 분석시스템 운영 - 전술자료의 제공	
작전	- 경기내용 분석자료 제공 - 코칭스태프 교육	
팀워크	- 선수단의 문제점진단 및 처방 - 팀 문화 확립	

앞의 표에서 구분한 전력 구성 7대 요소는 상호 연관성을 가진다. 상황에 대처하는 선수 개인의 플레이는 이 모든 것들이 맞물려 표출된다고 봐야 한다.

전력 구성의 7가지 요소

기술

*

선수의 기술 개발에는 본인의 노력도 중요하지만 코치의 조언이 필수적이다. 평범했던 선수가 코치의 결정적인 팁으로 인해 대단한 선수로 변신하는 사례를 흔히 볼 수 있다. 코치의 포지션 변경 제안을 받아들여 완전히 새로 태어난 선수도 있다. 미국인 코치에게서 사사 받고 변신한 두산베어스의 오재원 선수도 그중 한 명이다. 그렇다면 팀으로서는 유능한 코칭스태프를 확보하는 것이 선수기술 향상을 위한 첫걸음일 수 있다. 코치는 선수 시절 경험을 선수들에게 적용하고 시행착오를 거듭하면서 자기 이론을 정립한다.

좋은 코치란, 첫째 자기만의 이론이 정립되어 있고, 둘째 이를 선수들에게 잘 전달할 수 있는 커뮤니케이션 능력이 있으며, 셋째 제각각인 선수의 성격이나 체형 등에 맞게 같은 이론이라도 선수 맞춤형 지도를 할 수 있는 응용력이 필요하다. 이러한 기준에 부합하는 코치를 뽑기가 어렵다면 고참 선수 중에서 선택해 학습 기회를 주고 양성하는 수밖에 없다. 선수 중에서 코치를 뽑을 때에는 가급적이면 스타플레이어 출신보다 1, 2군을 오간 경험이 많은 선수 중에서 선택하는 게 낫다. 그들은 벤치 생활을 오래했기 때문에 자신을 돌이켜 보거나 다른 선수를 보면서 생각하는 시간을 많이 가졌고, 특히 교체 멤버 생활을 오래했기 때문에 기술 부족으로 고민하는 선수들의 마음을 배려할 줄 안다.

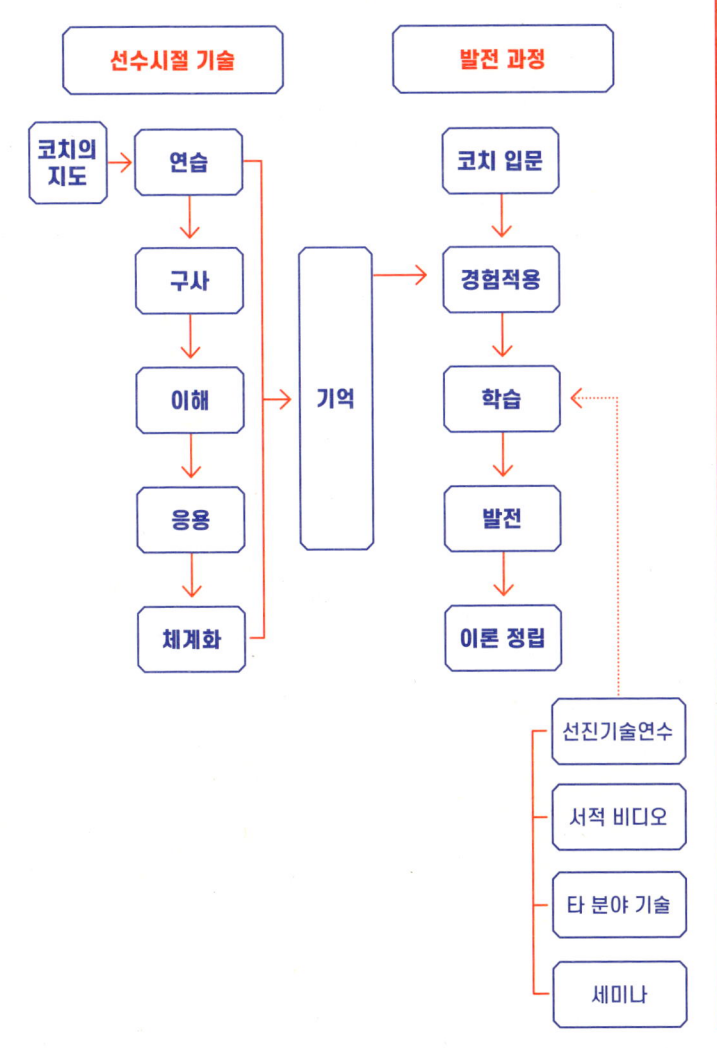

요즘에는 선수의 기술 향상을 위해 팀이나 코치가 할 일이 하나 더 생겼다. 전 세계에서 새로 개발된 기법이 인터넷을 통해 실시간으로 공유되기 때문에 새로운 기법이 자기 이론에 부합하는지 점검해야 한다. 어린 선수들은 유튜브에 올라오는 새로운 기법을 매일 습득하는데, 팀이나 코치가 그에 맞지 않는 이론을 고집한다면 선수들에게 설득력을 잃을 수 밖에 없다.

체력
*

프로선수라면 대개 체력 관리는 선수 스스로 해야 한다. 팀에서 체력 관리 프로그램을 진행하겠지만 선수 개개인의 신체적 특성까지 감안한 프로그램을 제공할 수는 없기 때문이다. 다만 팀은 선수가 해당 종목에서 원하는 체력을 유지하고 있는지를 판단하기 위해 선수의 체력을 정기적으로 점검할 필요가 있다. 특히 종목별 기술 구사에 필요한 체력을 의미하는 '기술체력'의 향상은 전문가의 지도가 필요하기 때문에, 프로구단에서는 전담 코치를 따로 두고 있다.

요즈음의 한국 프로스포츠에서는 에이전트가 전문트레이너를 찾아 선수에게 연결해주는 경우도 흔하다. 그리고 국가대표 선수의 체력 관리 프로그램을 운영하는 한국스포츠정책개발원의 노하우를 빌려 체력 강화 프로그램으로 활용하거나, 세부 항목 테스트를 의뢰하는 팀도 있다. 특히 부상 관리나 재활 프로그램은 전문기관과의 제휴를 통해 도움을 받을 필요가 있다.

종목별 체력요소

순번	경기종목	체력 요소 중 중요도의 순서
1	단거리	민첩성 각력 순발력 각근지구력
2	중거리	각근지구력 민첩성 전신지구력
3	장거리	전신지구력 각근지구력 리듬
4	도약	순발력 각력 조정력 유연성
5	투척	근력 순발력 조정력 유연성
6	혼성	순발력 근력 민첩성 지구력
7	사이클	악력 각력 각근지구력
8	복싱	악력 민첩성 전신지구력 순발력
9	레슬링	근력 민첩성 전신지구력 교치성
10	역도	근력 민첩성 근지구력
11	펜싱	민첩성 순발력 악력 교치성
12	유도	근력 근지구력 민첩성 유연성
13	사격	완력(지구력) 조정력
14	승마	각력 조정력
15	체조	근지구력 유연성 조정력
16	배드민턴	악력 민첩성 순발력 전신지구력
17	탁구	민첩성 악력 순발력 근지구력
18	테니스	악력 민첩성 완력 근지구력
19	축구	각력 민첩성 순발력 각근지구력
20	배구	완력 민첩성 순발력 근지구력
21	농구	민첩성 순발력 근지구력 전신지구력
22	핸드볼	민첩성 순발력 완력 근지구력
23	조정	악력 각력 복근력 근지구력 전신지구력

출처: 『체육지도자 훈련지도서』, 한국스포츠정책개발원, 2017

종목별 체력요소의 중요도

순번	운동종목	교치성	체력	유연성	민첩성
1	100M	15%	45%	20%	20%
2	200M	15%	45%	20%	20%
3	400M	10%	50%	20%	20%
4	1,500M	10%	55%	15%	20%
5	다이빙	50%	20%	20%	10%
6	워터폴로	25%	40%	15%	20%
7	조정	20%	50%	15%	15%
8	500M	20%	30%	15%	30%
9	1,500M	20%	35%	15%	30%
10	5,000M	20%	40%	20%	20%
11	10,000M	20%	50%	15%	15%
12	아이스하키	30%	30%	20%	20%
13	스키(활주)	30%	30%	20%	20%
14	스키(도약)	30%	30%	15%	15%
15	승마	40%	30%	15%	15%
16	복싱	35%	30%	15%	20%
17	레슬링	30%	30%	15%	25%
18	역도	10%	70%	10%	10%
19	축구	35%	30%	25%	15%
20	농구	40%	25%	15%	20%
21	배구	35%	25%	20%	20%
22	핸드볼	40%	25%	15%	20%
23	필드하키	35%	30%	15%	20%

출처: 「체육지도자 훈련지도서」, 한국스포츠정책개발원, 2017

정보

*

팀 전력 강화를 위해서는 정보시스템이라는 무기가 반드시 필요하다. 야구를 예로 들자면, 투수가 승부구winning shot를 던지는 볼 카운트인 2-1(2스트라이크 1볼) 또는 2-2(2스트라이크 2볼)에서 커브를 던질 확률이 70퍼센트라는 사실을 알고 타석에 선 타자는 당연히 안타 확률이 높아진다. 실제로 지난 월드시리즈에서 LA다저스 투수 다르빗슈 유는 휴스턴 타자들에게 투구 습관을 들켜 피안타율 5할 5푼 6리를 기록했다. 세트 포지션에서 글러브로 공을 가져가는 습관이 직구 던질 때와 변화구 던질 때가 다르다는 사실을 동영상 분석으로 간파한 결과다.

야구에서 정보시스템은 특정 구질에 따른 타구방향 분석으로 수비 위치를 조정하는 등 다양하게 활용되며, 최소 5승 이상 팀 승리에 기여하는 것으로 추정된다. 분석된 정보는 누가 어떻게 활용하느냐에 따라 효율이 달라지지만 팀 승리에 기여하고 있는 것만큼은 분명하다. 정보시스템은 그 종목의 전문가와 프로그래머가 공동으로 개발해 정보수요자인 선수나 코칭스태프가 쉽게 이해할 수 있도록 산출물이 나와야 한다. 현재 대부분의 국내 프로구단들은 자체 개발한 정보분석시스템이나 외부 전문 회사에서 제공하는 정보를 활용하고 있다. 특히 국내 프로야구단 중 NC다이노스를 포함한 3개 구단이 세이버메트릭스 전문가를 활용하고 있다. 하지만 산하 마이너리그 선수를 포함해 약 7000명 이상의 많은 선수를 관찰해야 하는 메이저리그와 달리 선수층이 얇은 한국은 아직 활용도가 높은 편은 아닌 것으로 보인다.

축구에서도 상대 팀이 빈번하게 시도하는 전술을 파악하는 데 다양한 소프트웨어들을 활용하고 있다. 정보시스템은 선수나 코칭스태프 등 정보 수용자가 쉽게 해독할 수 있도록 그 종목의 전문가와 프로그래머가 공동으로 개발해야 한다.

성취동기

*

심리학에서 동기란 특정 행동을 유발시키고 그 행동을 같은 방향으로 지속시키는 데 영향을 미치는 요인으로 보고 있다. 예를 들면 유소년이 운동부에 들어가는 행동은 '운동선수 같은 늠름한 사람이 되고 싶다'는 동기로부터 유발했다고 볼 수 있다. 대개의 프로선수는 '억대 연봉 선수가 되는 것'이 동기다. 사람의 마음을 블랙박스에 비유하는 이유는 외부의 자극이 행동을 유발시키기는 하는데 그 속을 알기 어렵기 때문이다. 동기부여란 팀에서 필요한 행동을 선수가 하게끔 자극하는 일이다.

자극 Stimulus	인체 Organism	반응 Response
'운동선수의 늠름한 모습' '프로선수의 억대 연봉'	'운동선수가 되어야겠다' '억대 연봉을 받는 프로선수가 되어야겠다'	'학교체육부 입단' '연봉 1억 받을 때까지 매진'

선수에게 자극을 주려면 선수가 팀이 요구하는 방향으로 행동할 때 그에 상응하는 매력적인 인센티브를 제공해야 한다. 팀이 추구하는 목표나 성격에 따라, 혹은 팀의 여건에 따라 인센티브는 달라질 수 있다. 인센티브를 주는 방식은 공정한 성과 평가를 통한 것이어야 한다. 팀의 성격에 따라서는 잘한 선수와 못한 선수를 구분하는 평가 그 자체가 인센티브가 될 수 있다. 잘한 선수의 자부심을 살려주기 때문이다. 인센티브가 금전적 보상일 경우에는 반드시 공정한 평가가 담보되어야 한다.

정신력

*

여기서 말하는 정신력이란 신체적 힘physical power에서 발현되지 않는 보이지 않는 힘을 의미한다. 정신력은 신체적 힘을 위축시키기도 하고 평균 이상으로 발휘하게 하기도 한다. 정신력이 어떻게 작동되는지는 아직 미지의 영역으로 남아 있다. 심리학에서도 이를 해명하려는 각종 이론이 분분하다. 명상도 마음을 다스리는 방법으로 남아 있을 뿐이지, 어떻게 할 때 강해지거나 약해진다 하는 과학적인 해명은 하기 어렵다. 다만 선수가 경기 중에 갖는 실책에 대한 두려움이나 불안감이 신체적 능력을 위축시킬 수 있다는 사실은 잘 알려져 있다. 이를 치료하기 위해 각 팀들은 심리학 전문가의 도움을 받고 있는 추세다. 한국 프로구단들도 심리학 박사의 카운슬링을 받거나 심리전문가를 채용하는 추세다. 일부 구단이나 국가대표팀은 심리 코치mental coach를 두고 있기도 하다. 어떤 상황에서든지 선수가 차분하게 대처하도록 만드는 최선의 방법을 찾기는 어렵지만, 적어도 현재까지 효험이 알려진 불안감이나 공포심을 없애주는 방법을 도입할 필요는 있다. 왜냐하면 전력 7대 요소 중 나머지 요소는 강화 방안이 개발되어 있지만 이 요소는 아직 여전히 미지의 영역으로 남아있기 때문에, 방법만 찾는다면 선점 효과가 오래 지속될 수 있기 때문이다.

나도 우연찮게 선수의 블랙박스를 건드려 숨어 있던 힘을 끄집어냈던 경험이 있다. 투수였고 공은 빠른데 볼 컨트롤이 잘 안 되는 선수와 대화를 나누다가 어느 선사가 했던 말을 들려 줬다. '일을 해야 먹을 자격이 있다'는 말에 빗대 '잘 던지지 못하면 먹을 자격이 없다'는 뜻의 '如是力投 乃可取食'이라는 여덟 자를 모자챙 한가운데 적어 주었다. 신기하게도 다음날부터 그 투수가 공을 던지면 마음먹은 대로 갔고, 그는 곧 10승 투수 대열에 합류했다.

팀워크

*

팀워크란 공동 목표를 향한 구성원의 협력을 말하는데 스포츠팀의 공동 목표인 득점은 모든 선수가 주어진 역할을 제대로 할 때 만들어진다. 팀워크가 탄탄한 팀은 어떤 상황에서도 전선수가 마치 한 몸처럼 일사불란하게 움직이는데 반해 문제가 있는 팀은 제각각 따로 노는 것처럼 보인다. 하기 싫거나 어려운 역할이 주어지더라도 선수들이 망설이지 않고 이를 수행하는 개인기술 이상의 무엇인가가 바로 팀워크다. 프로야구 원년 MVP 박철순은 선수 시절 야수가 파인플레이를 했을 때 반드시 그 선수에게 고맙다는 사인을 보내고서야 다음 플레이를 이어갔다. 몸 사리지 않고 어려운 플레이를 해줘서 고맙다는 표시다. 팀 스포츠에서 동료의 어시스트 없이는 득점할 수 없으며, 이를 이해하는 선수들이 경기장에서 나누는 커뮤니케이션들이 쌓여 형성된 팀 문화가 팀워크를 만든다. 희생 정신이나 팀워크를 중시하는 팀 문화를 형성하기 위해서는 출전선수를 결정하는 감독이 이기적인 플레이를 하는 선수의 출전 기회를 줄이고 희생 플레이를 하는 선수를 기용하는 것도 좋은 방법 중 하나다.

감독의 작전

*

전략strategy이 시즌 혹은 대회를 성공적으로 끝내기 위한 포괄적인 계획이라면, 전술tactics은 상대 혹은 상황에 따라 택하는 대응책을 말한다. 예를 들어 6위 전력인 팀이 5위까지 나갈 수 있는 포스트시즌에 진출하기 위해서는 '전략'이 필요하다. 무리하게 강한 팀을 이기기 위해 체력 소모를 하는 것보다 '만만한 팀에 총력을 집중해 승점을 챙기는 작전'이 전략이고 대부분의 감독들이 이런 유형의 전략을 시즌 전에 수립한다. 전략은 팀 전력이나 선수의 수행 능력을 근거로 세워지는데 여기에 관한 판단 착오가 있을 때 실패할 수 있다. 1995년 OB베어스, 2002년 월드컵 축구대표팀, 2018년 한화이글스 등이 감독의 전략이 이끈 성공사례이다.

이에 비해 전술은 순간순간에 대처하는 임기응변으로 감독이 선택한 적절한 전술은 때로는 게임의 흐름을 바꾸기도 한다. 감독은 스포츠맨십에 어긋나지 않는 선에서 상대를 헷갈리게 만드는 궤도詭道(기만전술)에도 능해야 한다. 예를 들어 에이스간의 대결에서 패해 연패로 빠지는 것을 막기 위해 상대편 1선발에 5선발을 내세우는 것은 약팀을 이기기 위해 에이스를 비축하는 작전이다.

2018년 MLB 디비전시리즈의 2차전 LA다저스와 애틀랜타 브레이브스의 경기에서 데이브 로버츠 LA다저스 감독은 충분히 완투할 수 있었던 커쇼의 컨디션을 묻는 척 마운드에 올라갔다가 상대가 대타를 내자 곧바로 투수를 교체했다. 에이스의 완투를 바라는 팬들의 비난이 일자 감독은 "상대의 출전가능선수 두 명을 소모시키기 위한 작전이었다"라고 해명했다. 이러한 투수교체 전술이나 히트앤런 혹은 위장번트 등은 상대를 혼란시키기 위한 감독의 임기응변에서 나온다. 상대가 혼란에 빠진다는 것은 내가 이길 확률이 높아지는 것이기 때문에 감독은 상대팀의 판단을 흐리게 만드는 전술도 구사할 줄 알아야 한다. 사실 기만술의 원조는 손자병법이다. 거기에 소개된 '전쟁에서 이기는 열네 가지 기만술 兵者詭道'은 언제든지 스포츠에 응용이 가능한 것들이다. '상대를 혼란시켜 빈틈을 노려라 亂而取之'또는 '강한 상대를 피하라 強而避之'등의 격언은 필드에서 '히드앤런이나 위장번트'혹은 '에이스 피하기'등의 전술로 활용되고 있다.

손자병법의 14궤도를 전쟁에서 '스포츠경기'로 응용시켜 본 데는 이유가 있다. 2014년 대한펜싱협회에서 온 이색적인 요청 때문이었다. 리우 올림픽을 앞둔 시점이었던 그때 "임진왜란때 23전 23승을 기록한 이순신장군의 탁월한 전략을 펜싱대표팀 전략에 접목할 수 없냐"는 협회의 요청은 몇차례에 걸친 관계자와 면담후 알고 보니 자타가 인정하는 이순신장군 전문가로 알려진 손길승 협회장(SK그룹 전 회장)의 주문이었다. 고심 끝에 임진왜란 당시 이순신장군이 해전에 참고했을 만한 병법서인 손자병법에 수록된 14궤도를 스포츠용도로 해석해 '리우 54 전략'에 담았던 중 하나가 다음의 비교표이다. 이색적인 요청이 포함된 전력강화 프로젝트였고 비교해본 결과 전략가 감독들은 이미 필드에서 펼치고 있던 기만술이었기에 소개한다. 참고로 '리우 54전략'의 54는 한 경기의 경기시간 9분×6경기의 54분과 손자병법 '오사'칠계를 상기시키기 위해 붙인 것이다. 손자병법의 궤도를 소개하는 이유는 상대를 혼란에 빠트려 스스로 허물어지게 만드는 것도 훌륭한 전술이기 때문이다.

손자병법 14궤도(詭道)의 응용

전쟁의 14궤도

- 무능한 척해라
- 작전을 쓰면서 쓰지 않는 척하라
- 가까이 있으면서 멀리 있는 척하라
- 멀리 있으면서 가까이 있는 척하라
- 작은 이익을 보여 상대를 유인하라
- 상대를 혼란시킨 다음 빈틈을 노려라
- 상대 진영이 견실하면 전력을 보강하라
- 강한 상대와는 격돌을 피하라
- 상대방을 화나게 만들어라
- 무력한 척해 교만하게 만들어라
- 상대 진영을 피로하게 만들어라
- 상대 연합의 화친을 이간시켜라
- 상대의 태세가 정비되기 전에 공격하라
- 예기치 못한 곳을 공격하라

스포츠에 응용 가능한 변칙 전술

- 특기를 노출시키지 마라
- 노림수를 숨겨라
- 상대 분석을 하면서 않는 척하라
- 상대 분석을 안 하면서 하는 척하라
- 빈틈을 보여 유인하라
- 상대를 혼란하게 하여 빈틈을 공격하라
- 상대 팀 시스템이 체계적이면 대등하게 갖추어라
- 강한 상대와는 수비를 소홀히 하지 마라
- 상대의 페이스를 흔들어라
- 이길 수 없다는 척하여 승리감에 도취하게 만들어라
- 상대팀의 역량을 분산시켜라
- 참가 팀이나 주최측이 공공의 적으로 여기게 하지 마라
- 상대가 준비되기 전에 공격하라
- 약점 분석 후 예기치 못한 곳을 노려라

6

선수를
뛰게 만드는 평가

1 평가가 선수를 뛰게 만든다

'인사가 만사'라는 말이 있다. 이는 '모든 일은 사람이 한다'는 말과 일맥상통한다. 선수 스카우트가 강팀을 만드는 주 업무이듯이, 스포츠에서 인적 자원을 관리하는 일은 아주 중요하다. 그래서 조직은 구성원이 조직 목표를 위해 본인의 능력을 최대한 발휘하도록 시스템을 만든다.

이 시스템은 '채용 - 교육 - 평가 - 보상'의 네 과정으로 이루어진다. 이 중 한 과정이라도 잘못 설계하면 최악의 경우 조직은 빠르게 붕괴된다. 운이 좋으면 서서히 망하거나 현상 유지만 하게 된다. 시스템이 잘못 설계되거나 작동됐을 때, 결과가 가장 단기간에 드러나는 조직이 바로 프로스포츠팀이다. 프로스포츠팀에서 핵심 인력은 선수이며, 팀이 필요로 하는 선수를 스카우트하는 것이 바로 채용이다. 이 과정이 잘못된 대표적인 사례가 주요 포지션의 주전선수를 잘못 뽑았을 경우다. 그 때문에 당해 시즌을 망치는 경우가 허다하다. 유망주를 잘못 뽑는다면 망하는 시기만 늦춰질 뿐이다. 시간이 흘러 주전의 기량이 쇠퇴할 때를 대비하지 않았기 때문에 약팀으로 전락할 가능성이 높다.

선발된 선수의 포지션별 기량 개발은 필수적이다. 대개의 프로구단은 신인선수가 일정 기간 실전 경험을 쌓도록 교육 프로그램을 구성한다. 마이너리그나 2군 경기를 통해 신인선수의 기량을 개발하는 시스템이다.

다음으로 선수를 움직이게 하는 핵심 기능인 성과 평가와 보상 시스템이 잘 작동해야 한다. 평가가 중요한 이유는 선수들에게 동기를 부여하기 위해서이다. 동기는 '행동을 유발시키고 방향을 결정해주는 역할'을 한다. 잘잘못을 공정하게 구분할 때 더 나은 플레이를 해야겠다는 자극을 줄 수 있다. 또한 진학 기회, 연봉, 장학금, 더 나은 편의시설 등 선수에게 주어지는 인센티브가 평가에서 공정하게 발휘되어야 한다. 강팀을 넘어 명문 팀을 만들려면 이 과정이 잘 설계되어야 한다. 잘하는 선수와 못하는 선수가 동등한 평가를 받는다면, 제일 먼저 잘하는 선수가 팀을 이탈하게 된다. 굳이 잘해야 할 이유가 없기 때문이다.

다행히 스포츠는 다른 직업에 비해 성과 평가가 용이한 편이다. 예를 들어 야구에서 단타가 1점이면 2루타는 2점, 홈런은 4점으로 매길 수 있다. 골키퍼를 제외하고 스무 명의 선수들이 한꺼번에 움직이는 축구는 다른 종목에 비해 평가가 어렵기는 하지만, 득점을 올리는 데 기여한 정도나 실점을 막는 데 기여한 정도에 따라 배점을 주는 원칙만 정하면 성과 평가가 충분히 가능하다.

프로선수의 주요 입단 동기는 연봉이기 때문에, 동기부여를 위해 어떤 플레이에 어떤 가치가 매겨지는지를 분명히 정해두어야 한다. 그리고 프로 세계에서 기여도가 높은 선수가 높은 연봉을 받는 것은 지극히 당연한 일이다. 성과 평가와 보상 시스템이 잘못 설계되거나 오작동할 때 잘하는 선수가 떠날 것이다. 다른 팀에서 더 나은 평가를 받을 수 있기 때문이다. 그러다 보면 팀이 서서히 쇠락하는 길로 접어들 수 있다. 부자 구단과 가난한 구단 사이의 지불 능력 차이와는 별개의 문제이다.

선수평가가 중요한 또 다른 이유는 팀 전력 평가의 기반이 되기 때문이다. 선수 개인 기량의 총합이 팀 전력이기 때문에, 개인 기량이 정량화되면 팀 전력 평가가 가능해진다. 또한 정량화된 선수의 기량은 시장가치로 환산할 수 있다.

2 선수평가 기법

프로스포츠에서는 목적에 따라 다양한 방식으로 선수의 플레이를 평가하고 있다. MVP나 베스트 플레이어 등을 선정할때도 연맹이나 구단, 미디어가 개발한 평가기법이 활용된다.

선수평가는 주로 세 영역에서 이루어진다. 첫째는 경기에 얼마나 오래 참여했는지를 측정한다. 출전 시간, 출전 경기수, 타석 및 타수(야구의 경우) 등이 여기에 속한다. 둘째는 경기 중 선수가 펼친 플레이에 대한 정량적 평가이다. 주로 경기 중 어떤 플레이를 몇 회나 구사했는지 측정한다. 셋째는 승패에 직접 영향을 미치며 득점과 실점에 연관되는 플레이의 질을 따지는 평가 방식이다. 동일한 플레이라 하더라도 득점이나 실점에 연결된 플레이는 가치를 다르게 평가한다.

축구에서 선수를 평가하는 방식 중의 하나로, 영국 축구에서 도입하고 있는 '액팀 지수 Actim Index'를 예로 들 수 있다. 이 공식은 2004~2005년 시즌에 처음 도입된 축구 선수평가 시스템으로 선수의 효과성과 기여도를 나타내는 네 가지 핵심 요인에 의거하여 산출하는 방식이다. 산출에 사용되는 기초 자료로는 골, 유효슈팅, 코너킥, 파울, 오프사이드, 패스, 태클, 진로 방해 blocking, 걷어내기

clearance 등 축구 경기에서 발생하는 모든 플레이에 관한 기록을 활용한다. 승점에 기반하여 선수 개인의 슈팅, 태클, 걷어내기, 세이브 등 승리에 기여한 활동별로 점수를 배정하여 개별 경기에서 선수의 성과를 평가하는 방식이다. 여기에 출전 시간, 득점, 어시스트에 따른 배점과 무실점에 대한 배점 등을 감안한다.

Actim Index

Actim Stats 란?
잉글랜드 프리미어리그·풋볼리그, 스코틀랜드 프리미어리그
공식 데이터의 브랜드명

활용 자료
골, 유효슈팅, 코너킥, 파울, 오프사이드,
패스, 태클, 진로방해Block, 걷어내기Clearance 등
경기 중 발생하는 모든 활동을 대상으로 함

생산 자료
- Actim 선수랭킹 2006 / 2007 - Top100
- Actim 금주의 팀 / 시즌의 팀
- Top5 골키퍼 / 수비수 / 미드필더 / 공격수 등

주체
기자협회the Press Association의 부분 조직인 PA Sports

Actim Index 개발 목적 및 산출방식

2004 / 2005시즌 처음 도입된 프리미어리그 / 풋볼리그의 선수평가 시스템, University of Salford와 PA Sports 공동으로 개발

목적
- 주요 공헌 선수를 밝힘, 팀의 핵심선수를 드러냄
- 포지션, 국적, 나이, 팀의 지리적 위치 등에 따른 선수 상호간 순위 결정
- 선수 혹은 팀의 현재 역량Form을 보여줌
- 시즌간 혹은 일정 기간 내의 팀의 성과활동을 분석
- 팬에게 최고의 선수에 대한 지식을 제공

산출방식

선수의 효과성과 기여도를 나타내는 네 가지 핵심요인에 의거하여 산출 공식은 1992년 이후의 수백 번의 경기들을 분석하여 고안됨

산출과정
- **1단계:** 해당선수 출전시 승점에 기초해 승리기여도 산정
- **2단계:** 슈팅, 태클, 걷어내기, 세이브 등 승리에 기여한 활동별로 점수 배정하여 개별 경기에서의 선수의 성과를 평가. 골대에서 벗어나는 슈팅, 카드 등은 감점 항목
- **3단계:** 출전시간에 따른 점수 할당
- **4단계:** 득점자에 따른 점수 할당
- **5단계:** 어시스트에 따른 점수 할당
- **6단계:** 무실점에 따른 점수 할당

프로야구에서는 세이버 매트릭스의 창시자인 빌 제임스Bill James 가 개발한 선수가치추정방식Value Approximation Method부터 대체선수와 비교한 승리기여도WAR: Wins Above Replacement까지 다양한 평가방식이 개발되어 있다.

대체선수와 비교한 승리기여도WAR는 대체선수Replacement Level Player에 비해 해당선수가 팀 승리에 얼마나 기여하는지를 산정한 값이다. 타자는 타격, 주루, 수비 능력에 관한 자료로 산출하고, 투수는 수비와 무관한 실점FIP: Fielding Independent Pitching, 타자의 득점, 기대승률 등으로 산출한다. 요즘 야구선수평가에 WAR이 통용되는 이유는 투수와 야수를 같은 선상에 놓고 평가할 수 있는 '통합지표'이기 때문이다.

- WAR(타자)
  (wRAA + Replacement Level + Defense + Positional Adjustment + Running) / 10

- WAR(투수)
  (경기당 기대승률 - 대체 선발투수의 기대승률) × 이닝/9
  (경기당 기대승률 - 대체 구원투수의 기대승률) × 이닝/9

빌 제임스의 선수 가치 추정 방식은 야수 평가와 투수 평가로 구분되며 야수는 열세 개 기록, 투수는 다섯 개 기록을 대상으로 평가한다. 야수는 출장 횟수, 타율, 장타율, 홈런 대 타석 비율, 포볼 대 타석 비율, 도루, 포지션 중요도별 가중치, 수비율, 병살 처리 횟수, 안타 수 등으로 계산된 수치에 조정치를 부과해 평가하는 방식이다. 투수는 등판 경기 수, 투구 횟수, 승 - 패 - 세이브 수, 다승 및 방어율 등에 조정치를 부과해 평가한다. 뒷장에서 소개하겠지만 빌 제임스는 이 값에 Y스코어(선수의 나이)를 감안해 트레이드 시장에서 선수의 가치 Trade Value 를 산출하는 방식도 고안했다. 이 방식은 선수의 타율이나 장타율, 홈런 수 등 공격 분야 및 수비 분야의 기록까지 종합하여 리그에 속한 모든 선수를 동일한 척도로 평가할 수 있게 만들어졌다. 야수를 평가하는 항목은 출장 경기수, 타율, 장타율 등 열세 가지에 이른다. 그의 저서 『야구통계자료집 The Bill James Baseball Abstract』에 소개된 그 내용은 다음과 같다.

타자 평가방식

1	출장경기	10경기 출장 시 1점, 50경기 출장 시 2점, 100경기면 3점, 130경기 이상이면 4점
2	타율	1.1 이상이면 1점, 0.275 이상이면 2점, 3할 4점, 4할 이상이면 7점
3	장타율	3할 이상이면 1점, 4할 이상이면 2점, 8할 이상이면 6점
4	홈런	홈런수/타수 2.5%면 1점, 5.0%이상 2점, 7.5%이상 3점, 10.0%이상이면 4점
5	출루율	1할 이상이면 1점, 2할 이상이면 2점, 3할 이상이면 3점
6	도루	20도루에 1점, 50도루면 2점, 80도루면 3점
7	타점	장타율 4할 이하에 70타점이면 1점, 장타율 5할 이하에 100타점이면 1점, 장타율 6할 이하에 130타점이면 1점
8	수비위치	2루수, 3루수, 중견수에 1점, 유격수에 2점, 10경기 이상 출장한 포수에 1점, 80경기 이상 출전한 포수에 2점, 150경기 이상에 3점
9	타구처리	근력 민첩성 전신지구력 교치성
10	수비율	근력 민첩성 근지구력
11	병살처리 및 도루 저지	유격수, 2루수가 병살처리를 90회 이상 했을 때 1점, 120회 이상일 때 2점, 150회 이상 했을 때 3점, 외야수가 자살 혹은 병살을 12회 이상 했을 때 1점, 포수의 도루 저지율이 리그 평균을 상회할 때 1점
12	안타 수	200안타 기록 시 1점, 리그 타점 1위 선수에게 1점
13	조정치	타수가 500미만 혹은 타석이 550미만일 때 ①- ⑫ 합산점수를 500 혹은 550으로 나누어 조정

투수 평가방식

1	출장경기	30경기 출장 시 1점, 55경기 출장 시 2점, 80경기 이상이면 3점
2	투구 이닝	40이닝 이상이면 1점, 90이닝 이상이면 2점, 140이닝 이상이면 3점
3	승패 및 세이브 점수	2 × (승 + 세이브) - 패전 6점 이상이면 1점, 14점 이상이면 2점, 24점 이상 3점, 36점 이상 4점, 50점 이상 5점, 66점 이상 7점
4	보너스 점수	18승 이상 1점, 방어율 1위 1점, 세이브 1위 1점
5	방어율로 조정치 부여	'(리그평균방어율 + 1) - 개인방어율' 값을 취득점수에 곱함 *방어율 우수투수에게 높은 평가를 주기 위한 조정 *(리그평균방어율 + 1) 보다 높은 방어율을 기록한 선수는 마이너스 값이 산출될 수 있지만 이 값은 원래 값에서 공제해 마이너스 기록이 산출되지 않게 함

선수평가는 주로 선수들이 승패에 기여한 정도나 우수선수를 가려내는 데 활용된다. 특히 프로구단 선수의 공헌도에 따라 연봉을 책정하는 데 활용한다. 내가 프로구단에 처음 입사했을 때는 야구선수 가치평가를 위한 척도가 없었고, 대부분의 구단은 일본 프로야구에서 시행하고 있던 방식을 도입해 소속선수의 공헌도를 평가하였다. 연봉재계약을 위한 선수가치평가가 적절한지 여부를 판단하기 위해서 프로야구 전 선수를 동일한 척도로 평가할 방식이 필요하던 차에, 빌 제임스의 공식을 한국야구에 맞게 변형해 실제 프로야구선수의 연봉 책정에 적용했던 적이 있다. 그 공식으로 전 선수의 가치를 산출해 기여도 평가방식에서 산출된 연봉이나 언론에 발표되는 타 구단 선수의 연봉과 비교하는 데 활용하였다. 이외에도 여러 가지 목적에 따라 다양한 방식의 선수평가 방식이 고안되어 있다.

국내의 한 프로배구단은 공격 분야와 수비 분야에 각각 다른 비중을 두고 출전세트, 공격시도, 리시브 등의 성공률을 계산해 공헌도를 평가하는 공식을 활용하고 있다.

배구 선수평가 공식 사례

평가항목	배점	산식
공격종합	50	[(공격성공 - 공격범실)/선수 출전 세트]×40% + [(공격성공/공격시도)×100] × 40% + [(개인 공격시도/팀 전체 공격시도)× 100]×20%
블로킹	10	[(유효 블로킹 수 / 선수 출전 세트 수)] × 50% + [(성공 블로킹 수/선수 출전 세트)] × 50%
서브	15	[(연결된 서브 / 서브 시도)] × 50% + [(성공 서브/선수 출전 세트)] × 50%
리시브	25	[(리시브 성공 - 리시브 실패)/선수 출전 세트] × 40% + [(개인 리시브 시도/팀 전체 리시브 시도) × 100] × 60%
	100	

출처:『명문구단 프로젝트 챌린지』, 2017

3   운동선수에게 나이는 중요한 변수다

선수의 기량 평가를 통한 전력 분석을 할 때 실력 있는 전문가도 놓칠 수 있는 부분이 바로 선수의 나이다. 선수는 어느 정점에 가기 전까지는 계속해서 발전하지만, 정점 도달 후에는 내리막길을 걷는다. 나이 든 선수일 경우 다음 시즌에 예전과 동일한 성적을 내기가 어렵다는 사실을 망각할 때 전력이 과대평가될 수 있다. 종목에 따라 난이도나 요구되는 체력이 달라짐에 따라 최고의 기량을 발휘할 수 있는 '최적 나이'는 달라질 수 있다. 일례로 고등학교를 졸업한 선수가 주전으로 뛰는 경우가 많은 야구나 축구와 달리, 농구와 미식축구에서는 대학교를 졸업한 선수가 대부분인 점도 종목에 따른 최적나이가 있음을 시사한다.

전력평가에서 선수의 나이가 중요한 이유는 어린 선수의 성장가능성과 나이 든 선수의 퇴보가능성이 전력평가에 감안되어야 하기 때문이다.

누구나 아는 사실이지만 이를 눈대중이 아닌 통계로 정량화한 사람이 바로 빌 제임스였다. 내가 1983년 처음 야구단에 입사해서 맡았던 일이 선수연봉을 책정하는 일이었는데 맨땅에 헤딩하던 시절이라 이런저런 자료를 찾다가 빌 제임스의 『야구통계자료집』이라는 책을 발견했다. 이 책에서 '야구선수의 가치추정방식'이라는 공식을 발견하고 눈이 번쩍 뜨여 선수연봉 산정에 활용한 적이 있다. 그가 책 말미에 소개한 것이 '트레이드 가치 TV: Trade Value'인데, 그에 의하면 이것의 목적은 팀의 잠재력을 추정하기 위한 것이었다. 거기에 'Y스코어'라는 개념을 정의했는데, 숫자 24에 '선수의 나이 × 0.6'을 한 값이다. 조금 복잡한 공식이지만 트레이드 가치를 추정하는 공식에 Y스코어를 대입하면, 같은 3할 타자라도 나이 많은 선수의 트레이드 가치가 어린 선수의 값보다 낮게 나온다. 이 공식을 약간 개조해 당시 KBO 전 선수의 기록을 대입해보니 단순서열부터 달라지는 것을 보고 감탄했다.

빌 제임스는 미국 메이저리그 야구선수들의 최적 나이를 24세로 추정했고, 나는 한국 남자의 군 복무 기간을 감안해 26세로 조정해 적용했다. 적용한 공식에 의하면 Y스코어는 같은 AV 값이라도 나이에 따라 TV 값이 다음 쪽 그림과 같이 변하게 만든다.

이 그림은 한 시즌에 같은 성적을 기록한 나이가 한 살 터울로 다른 열두 명의 선수들이 있다고 가정할 때, 선수의 나이에 따라 선수의 잠재력 혹은 시장가치가 달라질 수 있음을 의미한다.

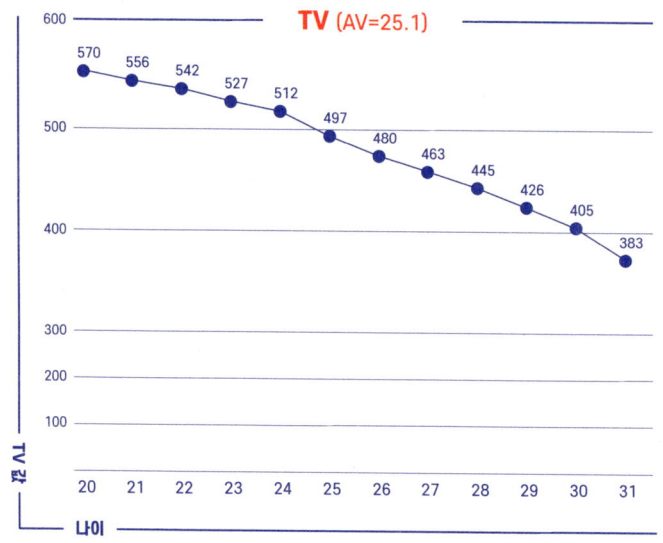

나이에 따른 트레이드 가치의 변화

이 공식에 관한 저자의 설명은 없었지만 종목마다 최적 나이가 있을 것임은 충분히 추측할 수 있다. 야구나 축구는 어린 나이의 주전 선수가 흔한 반면, 농구나 미식축구에서는 거의 대학 졸업 선수들로 구성된다. 기술을 배우는 데 시간이 오래 걸리는 종목이거나, 일정 수준의 체력이 필요한 종목이기 때문일 것이다. 따라서 어느 종목이든 그 종목에서 최고의 기량을 발휘할 수 있는 나이가 있다. 최적 나이를 넘은 선수는 내리막길을 타고, 그보다 어린 선수는 오르막길을 오르고 있다고 볼 수 있다.

정확한 최적 나이를 찾는 데는 방대한 통계 조사가 필요하기 때문에 다른 종목에서는 시험해볼 엄두가 나지 않았지만 대한펜싱협회 컨설팅을 하면서 이러한 조사를 해본 적이 있다. 플러레, 에뻬, 샤브르 세 개 종목의 세계대회 우승선수 나이를 전수 조사한 결과가 다음 쪽의 표와 같다. 이 자료는 상비군 선발 시 참고자료로 활용 가능하다. 이에 근거해 선발이 아닌 후보선수를 뽑을 때 종목별 전성기가 지난 선수는 제외할 것을 조언한 바 있다.

펜싱 세 개 종목의 우승선수 연령 비교

종목		평균	최연소	최고령
남자	F	25.7	21	31
	A	28.3	23	36
	S	26.8	22	34
여자	F	28.7	21	37
	A	27.4	19	36
	S	22.7	16	31

전력 평가에서 과장되는 것을 방지하거나 2군선수의 선발에 꼭 유의해야 할 점이 최적 나이다. 나이 든 선수를 제외하라는 뜻이 아니라 선수 간 트레이드를 하거나 팀 전력을 구성할 때 AV 값이 25.1인 30세의 선수와 AV 값이 24인 27세 선수의 잠재력 혹은 시장가치가 유사하다는 점을 염두에 두어야 한다는 뜻이다.

AV 값이 다른 두 선수

4 평가 시스템이 팀 컬러에 미치는 영향

평가 시스템은 팀 컬러에 큰 영향을 미친다. 평가 시스템은 선수가 어떤 플레이를 했을 때 더 큰 보상이 주어진다는 방향키 역할을 하기 때문이다. 예를 들어 축구에서 공격축구를 지향하고 실제 플레이 시간APT: Actual playing time 을 늘리고 싶다면 공격적인 플레이와 출전 시간에 대한 배점을 올리면 된다. 또 수비를 발판으로 한 역공을 중시한다면 수비의 배점을 올리면 된다.

다만 평가 시스템을 개선하려면, 새로 도입한 항목이 전체에 어떤 영향을 미칠 것인지 충분한 검토를 한 후 시행에 옮겨야 한다. 잘못하면 역효과를 부를 수 있기 때문이다. 야구에서 가장 맥 없는 플레이가 바로 '서서 먹는 삼진'이다. 이를 줄이기 위해서 '스윙 삼진'과 '보내기 삼진'을 구분하여 서서 먹는 삼진에 감점을 한 적이 있었다. 그 후 예상치 못했던 역효과가 발생했는데, 타자들이 손대기 어려운 공에 강공을 하기는커녕 감점을 줄일 방편으로 '공 지나가고 난 뒤에 스윙' 하는 현상이 발생한 것이다. 또 다른 실패 사례는 불펜 투수의 우대 정책이었다. 매 경기 위기가 닥치면 불펜에서 몸을 푸는 투수들의 체력 소모가 너무 많기에 뭔가를 해줘야 한다는 제안이 있어 몸 풀 때마다 점수를 주기로 했다가 낭패를 본적이 있다. 시즌 중간쯤 지나 시행한 공헌도 체크에서 등판도 못하고 몸만 푼 선수가 10승 투수보다 점수가 더 많이 나온 것이다. 매 경기에 여러 차례 몸만 풀다 보니 감점은 한 점도 없고 가점만 쌓여 그런 결과가 나온 것이다.

평가 시스템을 체력 관리나 부상 방지를 위해 활용할 수도 있다. 시즌 종료 후 선수들에게 갖추어야 할 체력 지표를 주고 캠프에 합류할 때 체크하면 자발적인 체력 관리를 유도할 수 있다. 야구에서 홈 플레이트에 헤드퍼스트 슬라이딩은 자살 행위일 수 있다. 중무장한 포수에 목을 갖다 대는 플레이에 최고의 감점을 주면 의욕 과잉의 플레이를 막을 수 있다.

이 밖에 평가 시스템은 그라운드 밖의 선수 매너를 관리하는 데에도 유용하다. 팬들에게 친절한 선수에게 인센티브를 주거나 팬 서비스 참여 선수에 가점을 주면 된다.

참고로 하단의 '축구선수평가시스템'은 당시 신생 구단이었던 강원 FC(2012년)가 '선수들에 대한 동기부여'와 '합리적인 선수평가 체계 구축'을 목적으로 연구를 의뢰해 만든 것이다. 하지만 얼마 뒤 구단 내부 사정으로 실제로 실행되지는 못했다고 들었다. 그 당시 이 시스템을 설계할 때 주안점을 둔 곳 중 하나는 평가 부문별 비중에서 감독의 평가가 차지하는 비중을 10%로 낮췄다는 점이다. 그 이유는 당시 K-리그 대부분의 구단에서 시행 중이었던 평가시스템에서 감독 의견의 비중이 70~80%를 차지하고 있었는데 선수 기량 위주의 공정한 평가를 저해하는 요인으로 보았기 때문이었다.

평가 범주별 비중 설정

평가부문	비중	내용
경기출장	30%	출장횟수 및 출장시간이 차지하는 비중
경기 중 플레이	30%	득점 및 실점에 연결된 플레이 등
체력 및 훈련참여	20%	체력테스트 결과 및 훈련자세
감독 평가	10%	작전 수행능력 및 정보활용 정도 드러나지 않는 플레이 평가
구단 평가	10%	팬 확보 등 구단 마케팅에 기여한 정도

세부 평가 항목

- **경기 출장 평가 (30%)**
  1) 출장 횟수 및 출장 시간 (엔트리 / 리저브 평가)
  2) 승패 비중 (정규리그와 컵 대회)
  3) 경고 및 퇴장(직접적인 승패 영향)

- **경기 분석 평가 (30%)**
  1) 오픈 플레이(득점과 실점)
  2) 세트 플레이(득점과 실점)
  3) 득점 및 어시스트(AS)
  4) 포지션별 선수평가 항목(표 참조)

- **훈련참여 및 체력 평가 (20%)**
  1) 체력(기본적인 체력) - 체력 테스트
  2) 훈련 일수

- **코칭스태프 평가 (10%)**
  1) 발전 가능성
  2) 생활 태도- 자기관리
  3) 정보 활용 정도

- **구단 평가 (10%)**
  1) 인터뷰 참여
  2) 스폰서 유치 참여
  3) 지역사회 공헌 활동
  4) 매스 미디어와 관계
  5) 팬들과의 관계

프로선수 연봉은
어떻게 정할까

1 선수 연봉 결정에 영향을 미치는 요소

모든 학생에게 성적에 상관없이 같은 점수를 주거나 전 직원에게 실적과 상관없이 동일한 보수를 지급한다면 어떤 현상이 일어날까? 100% 장담컨대 가장 우수한 학생과 최고의 인재부터 떠난다. 그들은 자신의 능력을 인정해주는 곳을 찾아간다. 잘하는 사람은 잘해야 할 이유가 없고 못하는 사람은 못하지 않아야 될 이유, 즉 동기가 없기 때문이다. 이런 현상이 반복되다보면 그 조직에는 형편없는 사람만 남아 하류 조직이 된다.

마찬가지 이유로 팀 전력의 핵심 요소인 우수한 선수를 보유하려면 평가를 통한 공정한 보상이 필요하다. 어느 선수가 얼마나 잘 뛰었는지, 혹은 팀 승리에 얼마나 기여했는지에 대한 평가결과가 적절한 보상으로 이어져야 한다. 프로선수는 운동이 직업인 사람들로 명예나 취미로 뛰는 아마추어선수와 달리 큰돈 버는 게 목표인 사람들이다. 물론 부상 위험이 적은 천연잔디 구장인 곳, 여자친구가 사는 곳, 고향 팀 등을 선택하는 선수도 있지만 우선 조건은 연봉이다. 예산의 대부분을 이들의 노동력을 구매하는 데 쓰고 있는 프로구단에게는 선수의 몸값이야말로 전력보강의 아킬레스건이다. 구단이 원하는 선수가 구단이 지불할 수 있는 돈보다 많은 금액을 요구할 때 전력보강에 차질이 생길 수 있기 때문에 프로선수의 몸값 결정 프로세스를 짚어본다.

구단 예산의 대부분을 선수 연봉에 지출하는 프로구단으로서는 선수 연봉이야말로 전력보강의 큰 걸림돌이다. 일반적으로 프로선수의 연봉을 결정하는 기본 원칙은 다른 부문과 다를 바 없이, 선수의 수요와 공급에 따라 결정된다. 선수 시장의 수요자인 구단은 선수의 연봉과 기량을 고려하여 선수를 사거나 팔게 되는데, 이익극대화를 추구하는 구단은 선수 연봉을 영입을 통해 발생할 이익 한도 내에서 결정한다.

경제학자들은 이를 그 선수의 한계수익 생산성 Marginal Revenue Product으로 부른다. 만약 선수에게 이를 넘어서는 연봉을 지불하면 구단이 손실을 보게 된다는 의미다. 미국의 유명한 스포츠 경제학자 스컬리 Gerald W. Scully는 선수의 한계수익 생산성을 '팀 성적에 대한 선수의 공헌도와 팀 수입에 미친 효과'라고 정의하였다. 선수 연봉을 결정하는 일차적인 요인이 수요와 공급이지만 구단의 지불 능력, 리그의 생산성과 경제, 선수의 최저 생계유지비, 리그가 채택하고 있는 제도, 선수협회 등으로부터도 영향을 받는다. 리그가 채택하고 있는 제도란 유럽 축구의 보유이적제도, 미국 프로리그가 도입하고 있는 선수보류제도 player reservation system가 대표적이다.

선수 연봉은 선수가 보유한 기술과 그 기술에 대한 평가제도에 따라 크게 달라질 수 있다. 선수 시장의 일반적인 특징은 선수 연봉 대비 기량을 감정하는 것이 비교적 용이하다는 점이다. 팀의 감독이나 코치는 선수를 감별하는 안목에 따라 본인의 성패가 좌우되는 사람들이기 때문에 훈련 과정이나 경기 비디오 판독을 통해 선수들을 세심하게 관찰한다. 그래서 선수의 기량 변화는 이들의 눈에서 벗어나기 어렵다.

선수 연봉을 결정하는 요인을 종합해 보면, 선수 연봉은 일차적으로 수요-공급 시장에 의해 결정되지만, 구단의 지불 능력 및 평가시스템에 따라 선수가 보유한 동일한 기술에 대한 가치 평가가 크게 달라질 수 있다. 여기서 평가란 '팀 성적에 대한 선수의 공헌도와 팀 수입에 미친 효과'가 얼마인지를 따지는 것을 의미한다. 그런데 구단이 채택한 사업 모델이 승률 높이기에 맞춘 승률 극대화 모델이라면, 시세 혹은 예상되는 공헌도보다 높은 연봉을 지불하는 경향이 있다. 만일 한 구단이 성적을 올리기 위해 우수선수 영입에 거품을 형성하면 너도 나도 연봉을 올려 선수시장 전반에 나비효과를 불러일으킨다. 또 선수가 FA* 자격을 취득하는 기간이 짧은 리그일수록 연봉이 급등하는 현상이 발생한다. 선수보류제도를 도입한 미국 프로리그에서는 메이저리그의 경우 6년처럼 일정 기간 FA가 유보되지만, 유럽 축구에서는 계약 기간이 끝나면 FA가 된다. 그리고 감독에게 선수 구성 권한을 위임한 구단일수록 선수 연봉이 올라가는 경향이 있

---

* **FA (free agent)** '자유 계약'이란 뜻으로 자신이 속한 팀에서 일정기간 활동한 후에 다른 팀과 자유롭게 계약을 맺어 이적할 수 있는 제도를 뜻한다.

다. 감독에게는 구단 재정보다 성적이 중요하기 때문에 돈이 더 들더라도 마음에 드는 선수를 영입하고 싶은 욕심이 앞서기 때문이다.

선수 연봉이 형성되는 과정을 도식화하면 다음 쪽의 그림과 같다.

프로선수 연봉결정요인

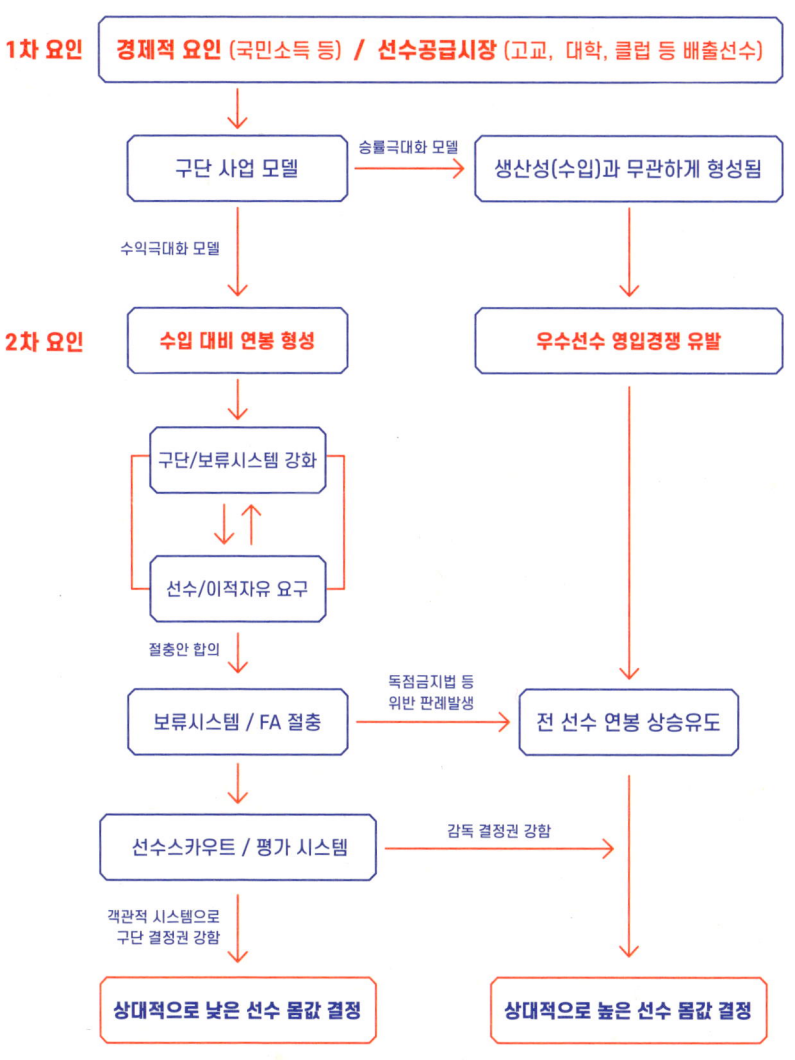

2 프로선수의 연봉산정 방법

프로선수의 연봉산정 방식에는 공헌도 평가piece-rate system와 서열 평가rank-order tournament 방식이 있다. 공헌도 평가 방식이란 선수가 구단이 원하는 목표에 공헌한 만큼 총연봉을 분배하는 방식이다. 그리고 서열 평가란 토너먼트 대회에서 우승한 선수가 나머지 선수보다 훨씬 많은 상금을 배당 받는 방식이다. 양쪽 모두 구단 혹은 대회 주최 측에서 선수의 좋은 플레이를 유도하기 위해 고안한 방식이다. 또한 선수에게는 더 잘해야겠다는 동기를 부여하기 위해 구단의 여건에 맞춰 다양한 방식의 옵션이 추가된다.

구단에서 선수 연봉을 책정하기 위해서는 먼저 플레이를 점수화하는 과정을 거친다. 플레이의 점수화란 선수가 한 시즌 동안 펼치는 모든 플레이를 점수화하는 작업이다. 모든 플레이가 기록으로 남는 야구의 예를 들면 안타가 1점이라면, 2루타는 2점, 홈런(4루타)은 4점이 된다. 같은 안타라도 주자가 있을 때 친 안타는 가중치를 주며, 역전타는 추가 보너스 점수를 준다. 여기에 중요한 경기일 경우 배점을 두 배 올리는 인센티브를 걸 수도 있다. 물론 삼진, 실책 등 다양한 감점요인도 있다. 야구의 공격 플레이를 점수로 환산한 오른쪽의 표는 중요한 경기의 역전 홈런은 주자가 없을 때 단타 마흔 여덟 개와 같은 비중을 갖게끔 모든 플레이는 경기 상황의 경중에 따라 점수가 매겨진다.

야구 플레이를 점수화한 사례

	단타	2루타	3루타	홈런
주자 ✗	1	2	3	4
주자 ○	2	4	6	8
2타점	4	6	8	12(3타점)
역전타	8	12	16	24
매치포인트 2배	16	24	32	48

공헌도 평가 방식이란 선수가 구단이 원하는 목표에 공헌한 만큼 총연봉을 분배하는 방식이다. 구단이 원하는 목표란 꼭 성적만을 의미하는 것은 아니다. 관중 수 혹은 총수익도 구단 목표에 포함되며, 선수가 이에 기여한 정도 역시 공헌도에 포함시킬 수 있다. 선수가 한 시즌에 취득한 점수를 전 선수의 총득점으로 나누어 개별 공헌도를 환산한 아래의 값에 따라 총연봉을 분배하는 방식이 공헌도 평가 방식이다.

공헌도 산출 방식

	취득점수	공헌도
선수 1	250	8.3%
선수 2	125	4.2%
선수 3	300	10.0%
선수 4	130	4.3%
선수 5	200	6.7%
선수 6	275	9.2%
선수 7	420	14.0%
선수 8	700	23.3%
선수 9	100	3.3%
선수 10	500	16.7%
총 득점	3000	100.0%

서열 평가 방식

	취득점수	서열
선수 8	700	30.0%
선수 10	500	11.7%
선수 7	420	9.8%
선수 3	300	7.0%
선수 6	275	6.4%
선수 1	250	5.8%
선수 5	200	4.7%
선수 4	130	3.0%
선수 2	125	2.9%
선수 9	100	2.3%
총 득점	3000	100.0%

서열 평가란, 공헌도 1위 선수에게 가장 많은 비율을 배당하고 다른 선수들에게 나머지를 분배하는 방식이다. 예를 들어 공헌도 1위 선수에게 총연봉의 30%를 배분하고 나머지를 다른 선수에게 배당한다면 아래와 같이(164페이지 오른쪽 표) 나뉠 수 있다.

공헌도 평가방식Piece-rate System이나 서열 평가방식Rank-order Tournament 혹은 두 가지를 혼용하는 방식 등 어떤 방식을 채택해 산정한 금액이더라도 이는 구단이 선수에게 지불할 수 있는 금액을 의미할 뿐이다. 협상 테이블에서 언제든지 가감할 수 있지만 분명히 지켜야할 원칙은 객관적인 자료를 근거로 공정하게 산출되어야 하고 평가를 위한 세부 항목은 팀이 원하는 플레이를 유도하기 위해 고안되어야 한다. 평가시스템은 공정하고 합리적이어야 하며 선수에게 동기를 부여해 팀 전력강화에 도움이 되게 설계되어야 한다. 합리적인 시스템이 되기 위해서는 선수플레이를 계량화하는 기준이 명확해야 한다.

3   만족할 만한 수준의 적정 연봉은 얼마일까?

프로선수는 일반 근로자와 여러 가지 면에서 다르다. 우선 프로선수의 직업 수명이 훨씬 더 짧다. 일반 근로자는 정년이 60세 정도이지만, 프로선수는 30세 후반이면 정년으로 본다. 물론 엄격한 자기관리로 40세 이상까지 프로선수라는 직업을 유지하는 경우가 있지만 예외적인 경우이다. 직업 수명 관점에서 프로선수 연봉의 적정성을 따지려면 '프로선수 평균 직업 수명 × 평균 연봉'이 '일반근로자 직업 수명 × 평균 연봉'보다 높은지 낮은지를 비교해야 한다. 여기에 평균 근로 시간, 연간 근무 일수나 숙련도의 정점에 도달하는 연령도 감안해야 한다.

만일 프로선수의 직업 수명이 평균 7년이고 리그 평균 연봉이 1억 원이라고 하면, 해당 종목의 프로선수가 벌 수 있는 돈은 평균적으로 7억 원이다. 한국의 일반 근로자가 평균연봉 3500만원에 20년 근무할 수 있다고 하면 똑같이 7억 원이 된다. 정확한 비교를 위해서는 노동 시간이나 노동 강도도 감안되어야 하겠지만 어림잡아 계산해 보면 그렇다. 2017년 연합뉴스가 보도한 한국 프로야구, 축구단의 평균 연봉에 관한 기사를 보면, 현재로서는 일부 선수를 제외하고 한국 프로선수의 연봉이 크게 높거나 낮은 편은 아니다. 물론 프로선수에게 주어지는 연봉의 적정성 여부는 위와 같은 방식으로 따져 볼 수 있지만, 앞서 언급한 여러 가지 요인들에 의해 더

받거나 덜 받을 수도 있다. 그래도 적정 연봉을 따져보는 이유는 프로구단의 수입에 비추어 한정된 자원을 선수 영입에 투입해야 하기 때문이다.

슈퍼스타의 초고액 연봉은 다른 방식으로 이해해야 한다. 극소수의 선수가 엄청난 돈을 버는 이유는 두 가지가 있다. 첫째는 그런 물건은 십 년에 한번 나올까 말까 하기 때문이다. 마치 희귀품과 같이 대체재를 찾기 imperfect substitution 가 어렵다. 팬뿐만 아니라 소비자들은 질이 떨어지는 제품(보통 선수)을 아무리 갖다 모아두어도 질적으로 뛰어난 제품(스타플레이어)을 대체할 수 있다고 생각하지 않는다. 둘째, 관람 스포츠에서는 공동 소비를 통한 규모의 경제 scale economies in joint consumption 가 실현된다는 점에 있다. 프로스포츠는 다른 제품과 달리 여러 버전의 경기가 대량으로 소비된다. 음성 단위의 라디오 중계방송, 영상 단위의 TV 중계방송 등이다. 적게는 수백억 원부터 많게는 조 단위까지 가는 중계권 수입이 발생한다. 이 돈이 구단으로 흘러 들어갔다가 선수들에게 분배된다. 어떤 식으로 분배를 하더라도 시청률을 올리는 슈퍼스타에게는 큰돈이 주어진다.

하지만 프로구단이라고 해서 무한정 돈을 투입할 수 없기 때문에 우수선수 영입을 통해 팀 전력을 강화할 때 이러저러한 요소를 충분히 감안해 영입 비용을 결정해야 한다.

프로축구·야구 2017시즌 국내선수 평균 연봉 순위 (단위: 원)

순위	구단(종목·평균연봉)	순위	구단(종목·평균연봉)
1	전북(축구·2억9300만)	12	강원(축구·1억3400만)
2	한화(야구·1억8400만)	13	NC(야구·1억2600만)
3	롯데(야구·1억7400만)	14	포항(축구·1억2400만)
4	KIA(야구·1억7000만)	15	수원(축구·1억1100만)
5	서울(축구·1억6800만)	16	전남(축구·1억300만)
6	제주(축구·1억6200만)	17	넥센(야구·9600만)
7	울산(축구·1억5600만)	18	KT(야구·7300만)
8	SK(야구·1억4700만)	19	인천(축구·6900만)
9	두산(야구·1억4700만)	20	광주(축구·6600만)
10	삼성(야구·1억3800만)	21	대구(축구·5700만)
11	LG(야구·1억3700만)		

※프로축구는 1부리그 기본급 기준, 상주상무 제외

4   리그가 채택한 제도가 선수 몸값에 미치는 영향

리그가 채택한 제도도 선수 몸값에 영향을 미친다. 제도는 크게 두 가지로 구분된다. 유럽 축구에서 채택하고 있는 보유이적제도 retain-transfer와 미국 프로리그에서 채택하고 있는 선수보류제도 player reservation system이다. 유럽 축구는 선수의 계약 기간이 끝나면 무조건 자유계약 FA 자격을 부여한다. 미국은 종목별로 약간씩 차이는 있지만 각 리그는 특정 구단에게 선수 계약에 관한 독점적인 협상 권리를 인정하고 있다. 선수가 다른 구단과 자유롭게 계약 협상을 할 수 있게 하는 FA free agent 제도는 일정 경력을 채운 선수들에게만 부여되는 권리다.

선수보류제도의 핵심은 신인드래프트이다. 이 제도는 프로 구단에 처음 입단하려는 선수에 대한 독점적인 협상 권리를 특정 구단에 할당하는 제도이다. 대개는 전년도 팀 순위의 역순으로 각 팀별로 우선권이 순서대로 주어진다. 이 제도를 채택하고 있는 리그의 신인들은 입단 계약금을 많이 주겠다는 구단을 스스로 선택할 수 없다. 신인드래프트 이외의 선수보류제도에는 웨이버 규정 waiver rules, 마이너리그 드래프트, 샐러리 캡, FA 선수보상제도, 제1선매권 right of first refusal 등이 있다.

- **웨이버 규정**waiver rules: 특정 팀에서 방출된 선수에 대한 교섭권을 다른 팀이 획득하기 위해서는 영입을 원하는 팀 간 드래프트를 통해야 한다. 또 가격을 사전에 미리 정해둠으로써 선수가 구단 간의 경쟁을 부추겨 몸값을 올릴 수 없게 하는 규정이다.

- **마이너리그 드래프트**: 마이너리그가 있는 종목에서 시행되고 있으며, 메이저리그로 승격되지 못하거나 일정 횟수 이상 마이너리그로 강등된 선수들에게 적용되는 드래프트로써 이들에 대한 계약 권리도 정해진 가격에 거래된다.

- **샐러리 캡**salary cap: 선수단 연봉 총액이 일정 금액이나 총수입의 일정 비율을 넘지 못하게 정해두는 제도이다.

- **FA선수 보상제도**: FA선수를 영입한 팀이 그 선수의 전 소속 팀에게 현금이나 드래프트 권리, 다른 선수 등 영입에 대한 대가를 치르게 하는 제도이다.

- **제1선매권**: FA 자격을 취득한 선수가 계약을 체결할 경우, 조건만 맞으면 원 소속 팀에게 계약 우선권이 주어지는 제도이다.

선수관련 제도

Retain/Transfer system(영국)	연도	Reserve Clause(미국)
	1879	MLB 5명의 이적권리 제한(구단주 구두협약)
	1884	MLB 구단당 11명 이적권리 제한 명문화
'보유/이적 명단' 제도(이적료 맞아야 이적가능)	1885	
	1887	MLB 표준계약서에 Reserve Clause 삽입
연봉상한선 도입(4파운드/1주)	1905	
	1936	NFL 드래프트 제도 도입
	1949	NBA 드래프트 제도 도입
연봉상한선 폐지	1961	
보유/이적 명단 제도 완화	1963	
	1965	MLB 드래프트 제도 도입
	1976	FA, 보상제도(Compensation)와 함께 도입
계약종료 선수 이적허용 ('Freedom of Contract' 구단간 이적료 합의 혹은 FA제소)	1978	
	1984	NBA 샐러리 캡 도입
J.M. Bosman (RFG, 벨기에) 제소	1990	
	1994	NFL 샐러리 캡 / FA도입
	1995	

Bosman 판결(Heinz Otto Lenz, European Court of Justice)의 주요 결정사항 및 권장 사항
- 이적료 미합의 시 이적 제한은 위법
- 외국인 선수 보유 수 제한은 위법
- 팀간 전력 균형이 필요하다면 '선수노조와의 단체협약을 통해 샐러리 캡을 도입하거나 입장수입 및 중계권수입의 공평한 분배'를 판결문에서 권장

선수보류제도는 프로 구단과 선수 간의 관계에 몇 가지 중요한 영향을 미치고 있다. 우선 연봉 상승을 억제하는 역할을 하며 특히 신인급 선수들의 연봉이 이 제도의 영향을 많이 받는다. 보류제도가 없으면 각 구단은 우수선수 확보를 위해 경쟁적으로 높은 연봉을 제시할 것이고, 선수 가치에 상당하는 보수를 지급하게 될 것이다. 즉, 이익 극대화를 추구하는 구단이라면 개별 선수가 구단 수입에 기여한 만큼의 연봉을 지급하려고 할 것이다. 실제로 선수보류제도가 선수 연봉을 상당히 억제하고 있다고 밝힌 연구 보고서도 더러 있다.

선수보류제도의 필요성을 주장하는 연맹과 구단의 논리와 선수의 주장 간에는 차이가 있다. 연맹과 구단주는 프로 리그의 성공적인 흥행을 위해서는 정정당당한 승부와 팀 간 전력 균형이 필수적이고 이를 유지하려면 보류제도가 반드시 필요하다고 주장한다. 전자는 팬들로 하여금 리그에 소속된 팀들이 대등한 조건 아래 경기를 펼치고 있음을 믿게 해야 한다는 의미이다. 프로 리그의 핵심은 팬들이 '선수들은 이기기 위해 매 경기마다 최선을 다한다'고 믿는 데 있다고 해도 과언이 아니다. 그런데 현재 특정 팀에 소속된 한 선수가 다른 팀으로 가기 위해 시즌 도중 계약 협상을 하고 있다면, 과연 그 선수가 성실한 플레이를 펼칠지 진정성을 의심 받게 될 것이다. 또 다른 문제는 개인 종목과 달리 전력 구성요소가 복잡한 팀 스포츠에서는 보유선수를 구단이 통제할 수 있어야 장기적으로 강팀을 구축할 수 있다는 점이다. 실제로 수년씩 걸리는 팀 전력 강화 사업을 위해서는 선수 확보와 육성이 단계적으로 이루어져야 하는데 이는 구단이 선수 보유에 대한 권리를 행사할 수 있을 때 가능하다.

후자의 팀 간 전력 균형이란 리그에 소속된 팀 간의 전력 차가 크지 않은 상태를 의미한다. 팀 간 전력 격차는 기량이 뛰어난 선수를 얼마나 많이 보유하고 있는가에 따라 정해지고, 이는 우수선수를 영입할 수 있는 구단 간의 재력 격차가 근본적인 원인일 수 있다. 임금 결정에 관한 경제이론을 스포츠에 적용하자면 선수 연봉은 개별 선수가 구단 수입에 기여한 정도에 따라 지급되어야 한다. 그런데 선수 자질 외에 다른 모든 조건이 동일하다면 스타플레이어가 다른 선수보다 구단 수입에 대한 기여도가 상대적으로 높을 것이고, 또 소도시보다는 대도시에 있는 구단일수록 스타플레이어의 기여도는 더 커진다. 그래서 선수 시장이 자유경쟁 체제가 되면 물 좋은 곳에 위치한 대도시 구단이 튼튼한 재력으로 우수선수를 싹쓸이 하여 막강한 전력을 구축하게 되고, 이로 인해 팀 간 전력 균형이 흐트러질 수 있다. 또 팬들은 승패를 예측하기 어려울 때 호기심을 갖고 경기장을 찾게 되는데 팀 간 전력 불균형이 심화되면 관중수가 떨어질 수밖에 없고 이는 리그 전체의 재정적인 타격으로 이어지게 된다.

이에 비해 보류제도의 폐해를 지적하는 측은 이 제도가 선수 스스로 팀을 선택할 수 있는 권리를 억제한다는 점에 문제가 있다는 주장이다. 이 제도가 여기에 미치는 영향력은 연봉 경쟁과 다른 구단으로부터 제안을 받을 권리를 억제하는 것보다 훨씬 강력하다고 볼 수 있다. 선수들은 돈만 많이 주는 곳이면 어디든지 옮기는 것으로 알고 있지만 꼭 그런 것만은 아니다. 특정 지방에 대한 선수 개인의 친근감이나 호흡이 잘 맞는 감독, 또는 연봉 이외 부수입의 유무도 선수가 팀을 선택할 때 큰 영향을 미친다. 이 뿐만 아니라 완전한 FA 제도를 채택했던 풋볼에서는 인조잔디 구장을 가진 팀이 FA 선수를 영입하는 데 큰 곤란을 겪었을 정도로, 경기장 시설도 선수가 팀을 선택할 때 고려하는 사항 중의 하나이다. 하지만 보류제도가 있으면 선수들이 개인의 취향대로 팀을 선택하기가 어려워진다.

그리고 팀 전력 균형을 위해 보류제도가 필요하다는 주장에 대해서도 반론이 있다. 이 주장은 FA 제도가 도입된 상황에서 FA 자격을 취득한 선수들이 부자 구단으로만 몰려 리그 전체에 나쁜 영향을 미칠 것이라는 것을 전제로 하고 있다. 그런데 보류제도가 있다고 해도 선수가 부자 구단으로 쏠리는 현상을 막을 수 없을 뿐만 아니라 선수보다는 구단에 이익이 되는 제도라는 측면이 있다. 선수 보류제도가 도입된 체제에서는 선수 기량을 사고파는 권리를 선수 본인이 아니라 구단이 갖게 되기 때문이다.

5 에이전트와 대리계약

선수와 대면 계약을 고집해왔던 프로야구단 단장도 이제 에이전트를 상대해야 할 때가 왔다. 에이전트라는 직업이 활성화되기 시작한 것은 선수 수입의 급등, 선수 권리의 보장 필요성 제기 등 여러 요인으로 인해 선수들이 자신을 보호해줄 수 있는 전문가를 필요로 하게 되면서부터다.

에이전트가 가장 활성화된 미국 스포츠계도 초창기에는 구단이 선수 당사자가 아닌 에이전트와 협상하는 것을 매우 꺼렸다. 하지만 1976년 미국 하원의 프로스포츠 특별위원회 청문회에서 에이전트의 필요성을 다음과 같이 인정하면서 대리인과 계약이 일반화되었다.

"선수 에이전트는 스포츠 산업의 노사관계에서 이제 빼 놓을 수 없는 요소로 널리 인식된 상태."

"어리거나 순진한 선수 또는 선수의 부모나 친구들이 계약 협상을 하는 것보다는, 협상 기술이 있는 유능한 대리인을 통하는 것이 오히려 그들에게 득이 될 것으로 판단됨."

"유능한 에이전트가 선수들(특히 젊은 선수)에게 제공하는 법적, 재정적 자문 서비스와 선수 권익의 중요성을 인정해야 함."

이 당시 미국의 1인당 GDP는 8297달러(1976년 기준)였다. 2015년 현재 한국의 1인당 GDP인 2만 8000달러는 20년 전의 미국과 비슷한 수준이라는 점에서 에이전트가 프로구단으로부터 기피 대상이 될 시기는 이미 지났다.

한국 프로구단은 아직 적자를 벗어나지 못하고 있기는 하지만, 글로벌 기준을 따르는 축구는 이미 에이전트와 계약이 보편화되었고 야구는 2018년부터 시작되었다. 사실 대면 계약은 구단에 유리한 점이 많다. 다년 간 수십 명의 선수를 대상으로 연봉 협상만 해온 전문가와 1년에 한 번 협상 테이블에 앉는 선수는 노하우 측면에서 차이가 날 수 밖에 없다.

구단, 선수, 에이전트 삼자는 각각 갑과 을의 관계에 있지만 그 관계가 역전되는 경우도 많다. 구단과 선수의 관계는 선수의 능력을 사는 구단이 갑이지만, 그 선수를 원하는 구단이 많을 경우 관계가 역전된다. 선수와 에이전트 간의 관계 역시 선수가 에이전트를 고용해 언제든지 해임할 수 있는 위치에 있지만 선수를 부르는 곳이 없으면 에이전트의 인맥에 의존하는 을의 위치로 바뀔 수 있다. 그래서 결국은 구단이나 선수, 에이전트 삼자가 합리적인 선에서 거래를 하게 된다.

영화 「제리 맥과이어」의 실제 모델이자 양심적인 에이전트로 잘 알려졌던 리 스타인버그Leigh Steinberg 나 터프가이로 소문난 스콧 보라스Scott Boras 등 어떤 유형의 에이전트를 상대하든 에이전트와 '윈윈win-win 관계'를 형성해야 한다.

에이전트의 등장으로 인한 긍정적인 측면도 있다. 에이전트가 선수의 스폰서십 계약, 투자 자문과 자금 관리, 일상생활 상담, 의료, 법률 상담, 은퇴 후 생활 설계 등의 서비스 제공으로 선수들이 안심하고 경기에만 전념할 수 있도록 모든 것을 관리해 주며 프런트의 일 또한 덜어준다는 점이다. 사실 에이전트들에게는 연봉 협상 대리인으로 받는 수수료도 있지만 스폰서 유치로 버는 돈이 더 짭짤하기 때문에 선수 가치를 올리는 것에 열중하게 된다는 긍정적인 측면도 있다. 선수 권리 보호 측면이든 고액 연봉자가 자문을 받겠다는 수요 증가 측면이든, 어쨌거나 에이전트와 협상은 피할 수 없는 시점이 왔다.

[사례1] 유능한 에이전트는 콧수염도 2만 불

1968년 뉴욕제트New York Jet 팀의 쿼터백인 조 나마스Joe Namath는 자신이 볼 때 아주 멋져 보이는 콧수염을 자랑하고 있었다. 그러던 어느 날 NFL의 커미셔너인 피트 로젤레Pete Rozelle로부터 지저분한 콧수염을 깎으라는 지시를 받게 되었다. 나마스는 즉시 변호사인 친구 지미 월시Jimmy Walsh에게 어떻게 하면 커미셔너의 지시를 철회할 수 있을지 상담하였다. 그런데 월시는 커미셔너에게 부당한 지시를 철회해 달라는 요구를 하는 대신, 광고대행사를 끌어들여 TV카메라 앞에서 나마스의 콧수염을 전기면도기로 깎는 장면을 연출하였다. 나마스는 전기면도기 회사로부터 광고비 명목으로 2만 달러를 챙겼고, 월시는 나마스의 에이전트로서 계약을 맺었다.

(사례2) 나이키의 에어조던 3000만 달러 스폰서십 계약

미국의 유명 스포츠 에이전트인 데이비드 폴크David Falk는 1984년 나이키와의 협상에서 계약금 50만 달러에 '에어조던' 매출액의 일정 비율을 받는 계약을 체결했다. 나이키는 선수 이름을 딴 에어조던 제품으로 약 300만 달러의 수입을 기대하며 사상 처음으로 선수에게 용품 매출액의 일정 비율을 지불하는 조건을 걸었다. 모험을 감행한 결과 단일 제품으로 1억 3000만 달러의 엄청난 수입을 기록했다. 나이키는 1997년 3000만 달러의 인도스먼트 계약을 마이클 조던과 다시 체결했다.

8

팀 전력 평가를 통해
다음을 준비한다

1 팀 스포츠에서의 지피지기

'적을 알고 나를 알면 백 번 싸워도 위태롭지 않다 知彼知己 百戰不殆'는 말이 무엇인지 실전에서 실감나게 보여준 선수가 바로 '알파고'다. 적을 너무 잘 아는 그 선수 앞에서 세계 일인자들이 어떻게 무너지는지 우리는 목격해 왔다. 지금은 다른 차원으로 한층 진화했지만 당시에만 해도 알파고는 지피, 즉 사람이 둔 기보를 학습해 수를 터득했다. 비공식적으로 얼마나 많이 이겼는지는 모르지만 공식적으로 69전 68승을 기록하고 은퇴를 선언한 그 선수는, 상대를 알고 싸울 때 어떤 결과가 나오는지를 실전에서 확실하게 보여줬다.

팀 전력평가는 팀 전력을 정량화해 비교우위를 따지는 것을 의미한다. 나와 상대를 알기 위한 첫 단계이다. 사람으로 구성된 팀의 전력을 정량화한다는 것은 사람의 능력을 정량화한다는 말이기 때문에 쉽지는 않다. 하지만 스포츠팀에는 경기장 공간을 할당하는 포지션과 선수의 성과를 나타내는 개인 기록이 있기 때문에 팀 역량을 정량화하기가 다른 조직보다는 용이하다. 만일 어떤 종목에서 모든 포지션이 득점과 실점에 미치는 영향이 동일하다면 포지션별 선수 기량의 합이 '외형상의' 팀 전력이다. 외형상의 전력으로 표현하는 이유는 밖으로 드러나지 않는 숨은 전력 혹은 비밀 병기가 될 수 있는 정보시스템 같은 것이 있을 수 있기 때문이다. 포지션별 승패에 미치는 영향력이 다르다면, 다른 정도만 정량화에 반영해주면 된다.

전력평가는 시즌운영 전략을 짜는 데 있어서 거의 필수적이다. 같은 리그에 속한 10위 팀과 1위 팀의 시즌 운영 전략은 판이하게 다를 수밖에 없다. 약팀이 강팀과 같은 전략 전술로 붙으면 결과는 보나마나다. 내 팀이 강한지 약한지를 모르는 감독이나 단장은 없겠지만 전력의 강도와 취약 포지션을 미리 알고 이를 보완할 중장기적인 전략을 수립하려면 전력평가가 필수적이다.

그리고 팀 전력의 정량화는 개선점을 찾고 성과분석을 하는 데 유용하다. 기대 이하의 성적을 내거나 기대 이상의 성적을 냈을 때, 무엇이 원인이었는지를 찾는 데 활용할 수 있다. 예를 들어 시즌 들어가기 전 4위 전력으로 평가된 팀이 2위 혹은 6위가 되었을 때 그 원인을 찾는 데 활용할 수 있다. 감독의 역량이 작용했는지 아니면 다른 돌발 변수가 영향을 미쳤는지 등이다. 특히 감독의 역량을 가늠하는 데 유용하게 활용할 수 있다.

굳이 알파고 같은 정교한 시스템이 아니더라도 시중에 나와 있는 많은 소프트웨어 중 하나만 활용하면 어느 포지션이 약한지, 어느 정도 약한지를 소수점 아래까지 단 몇 분 만에 계산이 가능하다. 물론 프로구단의 단장이라면 누구나 자기 팀 전력을 알고 상대 팀 전력을 잘 안다. 하지만 어느 정도까지 강하고 약한지는 막연하게 추정할 게 아니라 약간의 노력을 들여야 한다. 수백 명 분의 자료만 입력하면 되는 계산을 마다할 이유는 없다.

2 포지션 중요도

정량화를 통한 팀 전력평가 방법은 아주 간단하다. 팀 전력은 주전 선수의 플레이를 점수화한 후 모두 더하면 된다. 선수평가 자료를 활용해 합산하기 전에 유의할 점은 먼저 종목의 포지션이 승패에 영향을 미치는 정도에 따라 중요도를 매기는 일이다. 사실 어느 포지션이 중요한지를 판단하기는 쉽지 않다. 하지만 종목마다 득점이나 실점에 보다 더 영향을 미치는 포지션은 있기 마련이다. 포지션별 중요도가 매겨지면 가중치가 주어진 포지션에 선수의 기량을 대입하면 전력 파악이 가능해진다. 선수평가치의 값을 순위로 매기면 상대적인 순위 산출이 가능하고 평가값의 절대치를 대입하면 전력 차이까지 산출할 수 있다.

어느 포지션이 중요한지를 판단하는 것은 닭이 먼저냐 달걀이 먼저냐를 가리는 것만큼 결론내기가 쉽지 않은 일이다. 득점 차이가 승패를 가르는 게임에서 1점을 넣는 것과 1점을 막는 것은 같은 가치를 갖는다. 실점을 하지 않더라도 득점이 없으면 아무리 수비를 잘 해도 무승부에 그친다. 반대의 경우도 마찬가지다. 득점을 아무리 많이 하더라도 더 많은 실점을 하면 진다.

그러나 분명 종목마다 득점이나 실점에 보다 더 영향을 미치는 포지션이 있다. 야구에서 투수를 포함한 중앙 라인이 중요한 포지션으로 취급 받는 이유는 수비할 때 처리해야 할 타구가 양옆보다 많기 때문이다. 한 팀에 다섯 명의 좋은 선수가 있다고 가정해보자. A팀은 중요한 포지션에 좋은 선수가 배치되어 있고, B팀은 덜 중요한 포지션에 좋은 선수가 배치되어 있고 중요한 포지션에는 낮은 등급의 선수가 배치되어 있다면 B팀은 A팀에게 질 확률이 높다. 덜 중요한 포지션의 좋은 선수가 승리에 기여할 기회보다 중요한 포지션의 선수에게 승패를 결정할 기회가 많이 가기 때문이다.

쉬운 작업은 아니지만 포지션별로 중요도를 파악하고 나서 선수의 기량을 계산하여 대입하면 실질적인 전력을 파악할 수 있다. 선수 평가치의 순위를 매기면 상대적인 순위 산출이 가능하고 평가값의 절대치를 대입하면 전력 차까지 산출할 수 있다.

배구에서는 '세터setter'가 중요하다는 것이 일반적인 시각이지만 감독에 따라서 '세터'보다 '리베로'가 중요하다고 보는 감독도 있다. 즉, 감독의 경기운영 철학에 따라 중요한 포지션은 달라질 수 있다. 대개의 일반 팬들은 공격수가 중요한 포지션이라고 생각하지만 배구의 경우 서브 리시브에서 아군의 공격이 시작된다는 측면에서 보면 수비가 중요하다. 포지션 중요도의 평가는 어느 포지션이 경기의 승패에 어느 정도의 영향을 미칠 수 있는가를 정하는 작업이다. 포지션의 분류에서 좌우의 대칭을 이루는 포지션은 같은 성격의 포지션으로 볼 수도 있다. 다섯 개의 포지션으로 분류할 수 있는 종목이라면 다음 쪽의 표와 같이 작성할 수 있을 것이다. 이 작업은 주관적일 수 있고 수치화시키기는 힘들겠지만 각 팀마다 기준은 설정해둘 필요가 있다.

예를 들어 아래의 표는 다섯 개의 포지션이 있는 종목에서 평가된 주전선수의 기량을 팀별로 산출한 내역이다. 만일 포지션별로 중요도의 차이가 없다면 주전선수의 기량을 더한 값이 그 팀의 정량화된 전력이 된다. 또 포지션별 중요도를 구분했다면 중요도에 따른 가중치를 준 다음 환산하면 된다.

이를 그래프로 표시하면 중요한 포지션에 좋은 선수가 있는 팀의 전력이 높게 산출됨을 알 수 있다. 승패에 영향을 미치는 포지션에 중요도의 차이가 있는 종목이라면, 선수 개인의 기량을 단순히 더하는 것이 아니라 중요도를 감안해야 보다 정확하게 팀 전력을 평가할 수 있다.

포지션 중요도 감안여부에 따른 팀 전력분석 결과 차이

포지션	중요도(%)	중요도(%)	가 팀	나 팀	다 팀	라 팀	마 팀	바 팀
A	20	30	50	80	60	100	70	55
B	20	20	80	65	100	60	55	60
C	20	20	60	100	60	60	60	55
D	20	15	100	50	65	65	60	80
E	20	15	65	50	75	75	70	100
포지션 중요도 동일시 전력 순위			355	345	360	360	315	350
			③	⑤	①	①	⑥	④
포지션 중요도 차이시 전력 순위			339	360	355	360	318	333
			④	①	③	①	⑥	⑤

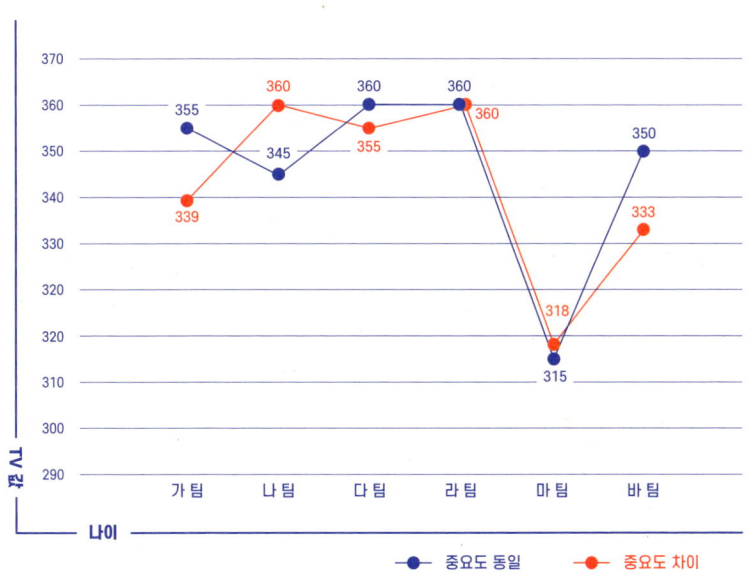

팀 전력 평가를 통해 다음을 준비한다

3 나이 변수의 감안

포지션별로 중요도에 따라 가중치를 주는 작업이 끝나면 리그에 소속된 전 선수의 평가치를 입력해 각 팀의 현재 전력을 비교할 수 있다. 대개의 경우 시즌 종료 시점에서 선수의 개인의 성과자료를 팀 전력평가 방식에 입력하면, 팀 성적과 근삿값이 산출된다. 그런데 다음 시즌의 전력은 나이가 변수가 될 수 있다. 최적연령에서 설명했듯이 나이든 선수가 주축인 팀은 선수 나이로 인한 전력 감퇴가 있을 수 있다. 팀 전력을 평가할 때도 선수 나이를 감안해야 한다. 비록 증명은 안됐지만, 빌 제임스가 제시한 'Y스코어'는 참고할 만하다. 앞서 보여줬던 포지션 중요도를 감안한 여섯 개 팀의 주전선수 평균 나이를 24세부터 31세까지 가정한 값을 대입한 그래프가 오른쪽 그래프이다. 주전선수가 나이 많은 팀의 단장은 '팀이 늙어간다는 사실'을 직감할 수 있다. 오른쪽의 그래프는 이 가정이 사실일 수 있음을 잘 보여주고 있다.

빌 제임스의 TV산출 공식

TV = (AV-Y)²×(Y+1)*AV/190 + AV(Y)²/13

(Y= 24 - 0.6 × 나이)

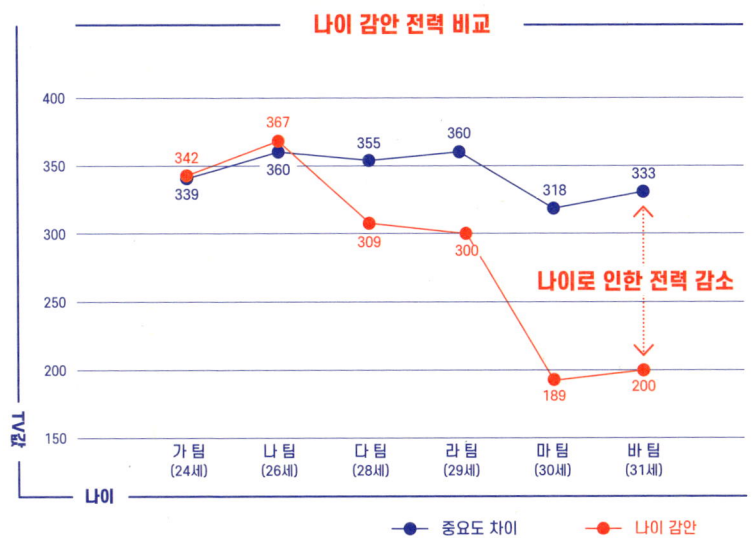

4   2017 시즌 프로야구 전력평가 사례

야구 포지션의 중요도 설정

팀 전력평가에서 가장 어렵지만 핵심 작업이 되는, 야구 포지션의 중요도를 따지는 데서 시작해보자. 야구에서 가장 중요한 포지션이 투수라는 데 이견이 없지만 투수가 승패에 영향을 미치는 비중이 얼마인지는 전문가마다 의견이 다르다.

대부분의 야구해설가들은 투수의 비중이 70%를 차지할 정도로 야구는 '투수 놀음'이라고 한다. 야구통계 전문가 박기철은 칼럼에서 "이긴 팀에서 한 명의 투수가 완투를 해도 상대보다 많은 득점이 필요하므로 투수의 공로는 아무리 많아야 50%"라고 했다. 두산베어스와 WBC대표팀 감독을 역임했던 김인식 감독도 "한 시즌 동안 투수 때문에 이기거나 지는 게임을 감안할 때, 야구에서 투수의 비중은 50% 정도에 육박한다"고 말했다.

역대 기록에 비추어볼 때 타자가 도달하기 어렵다는 3할 타율은 통계적으로 증명된 사실이다. 이는 타자가 70%를 실패해도 성공적이라는 의미다. 타자를 실패시키는 주도권은 투수가 쥐고 있다. 잘 맞은 타구가 멋진 수비에 걸려 실패하는 경우도 있지만, 위력적인 투구는 힘 없는 타구를 만들어 쉬운 수비를 유도한다. 득점이 실점보다 많아야 이기는 팀 종목에서는 창이냐 방패냐를 따지는 게 쉽지는 않지만, 야구에서 투수의 역할은 넓게 잡아 50%에서 70%이하로 가정할 수 있다. 여기서 투수가 잡은 주도권의 비중을 0%에서 10% 이하로 잡으면, 투수의 비중을 50% 혹은 60%로 보는 두 가지 방안을 생각할 수 있다. 공격과 수비 부분은 타격이 중요한 포지션인 외야수, 지명타자, 1루수 등의 그룹과 수비가 중요한 그룹인 포수, 유격수, 3루수, 2루수 부문으로 구분할 수 있다.

구분		투수비중(1)	투수비중(2)
투수	선발 4명 및 주요 구원투수	50%	60%
수비부문	유격수, 2루수, 3루수, 포수	25%	20%
공격부문	중견수, 우익수, 좌익수, 1루수, 지명타자	25%	20%

선수기량 평가 방식

야구에서 요즘 통용되는 선수기량평가방식은 WAR이지만 여기서는 빌 제임스의 방식을 채택하기로 한다. 왜냐하면 WAR은 야구선수에게만 적용될 수 있는 공식이기때문에 다른 종목에는 적용이 불가능하다. 여기서는 포지션 중요도가 전력평가에 어떤 영향을 미치는지를 보여주기 위해 빌 제임스의 AV Approximate Value 방식의 평가 기준을 적용하되 한국 실정에 맞게 구간을 조정해 적용하고 개인 기록에 따라 비례 배분해 배점하기로 한다.

평가대상 선정

평가대상 선수는 투수 부문은 각 팀 주전투수 여섯 명을 선발출장 빈도나 기록을 토대로 선정한다. 야수 역시 출장횟수와 기록을 근거로 주전포수 두 명, 내야수(유격수, 2루수, 3루수) 다섯 명, 외야수 및 1루수, 지명타자 포지션으로 출전한 주전선수와 백업 요원 포함 여섯 명을 선정하기로 한다.

열 개 구단 주전선수 평가 결과

AV 평가방식에 따라 투수 및 야수의 기록을 입력하면 동일한 척도로 평가된 열 개 구단 주전선수의 AV 값이 다음의 페이지와 같이 산출된다.

열 개 구단 포지션별 전력 평가

선수평가값을 중요도 부문별로 구분해 비교하면 투수력은 상위 3개 구단의 전력 비슷한 것으로 나타난다. 반면 KT, LG, 삼성 등 하위 3개 팀의 투수력 중 KT는 두드러지게 약한 것으로 드러난다. 또한 기아는 외야 및 1루수, 내야수(유격수, 2루수, 3루수) 분야에서 1위였던 것으로 평가되고 KT는 공격을 주도하는 외야, 1루 및 지명타자 부문에서 타 팀과 현격한 전력 차이를 보인다.

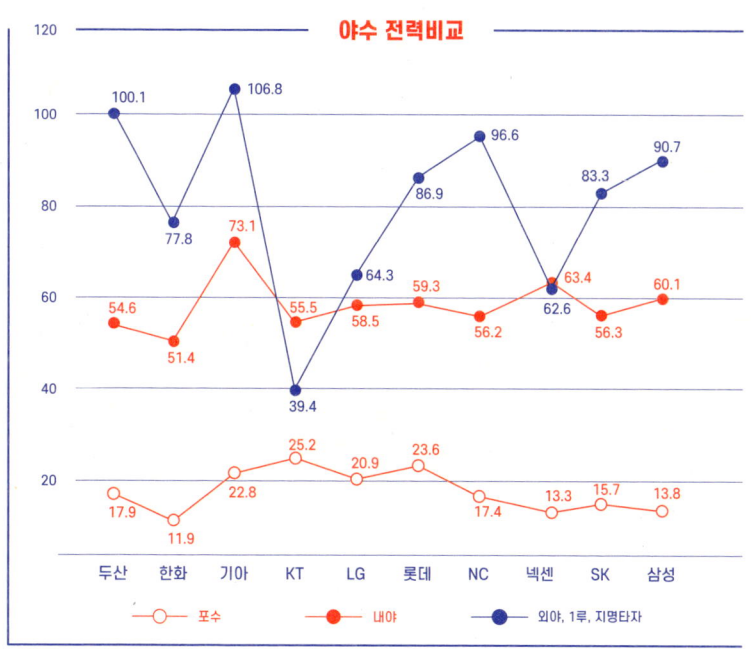

팀 전력 평가를 통해 다음을 준비한다

포지션별 가중치를 부여한 열 개 구단 팀 전력 평가

열 개 구단의 포지션 부문별 전력은 각 부문에서 기록한 개인선수 평가치의 합으로 표시한 값이다. 여기에 각 부문별 1위 팀의 전력을 '100'으로 놓고 부문별 가중치를 부여해 환산한 값이 아래의 표에서 보여주는 열 개 구단 전력이다.

팀 전력

	두산	한화	기아	KT	LG	롯데	NC	넥센	SK	삼성
① 투수	149.8	93.0	148.8	51.4	73.2	153.0	109.0	94.3	96.1	69.5
② 포수	17.9	11.9	22.8	25.2	20.9	23.6	17.4	13.3	15.7	13.8
③ 내야	54.6	51.4	73.1	55.5	58.5	59.3	56.2	63.4	56.3	60.1
④ 외야+1루 +지명타자	100.1	77.8	106.8	39.4	64.3	86.9	96.6	62.6	83.3	90.8

투수력 50% 등 포지션 부문별 중요도 (1안)을 반영한 팀 전력

중요도	두산	한화	기아	KT	LG	롯데	NC	넥센	SK	삼성
① 50%	49.0	30.4	48.6	16.8	23.9	50.0	35.6	30.8	31.4	22.7
②+③ 25%	18.9	16.5	25.0	21.0	20.7	21.6	19.2	20.0	18.8	19.3
④ 25%	23.4	18.2	25.0	9.2	15.0	20.3	22.6	14.7	19.5	21.2
전력합계	91.3	65.1	98.6	47.0	59.7	91.9	77.4	65.5	69.7	63.2

투수력 60% 등 포지션 부문별 중요도 (2안)을 반영한 팀 전력

중요도	두산	한화	기아	KT	LG	롯데	NC	넥센	SK	삼성
① 60%	58.7	36.5	58.4	20.2	28.7	60.0	42.7	37.0	37.7	27.3
②+③ 20%	15.1	13.2	20.0	16.8	16.6	17.3	15.4	16.0	15.0	15.4
④ 20%	18.7	14.6	20.0	7.4	12.0	16.3	18.1	11.7	15.6	17.0
전력합계	92.6	64.2	98.4	44.3	57.3	93.5	76.2	64.7	68.3	59.6

투수력의 비중을 50%와 60%로 구분한 게 큰 영향을 주지는 않는 것으로 보인다.

전력비교 그래프

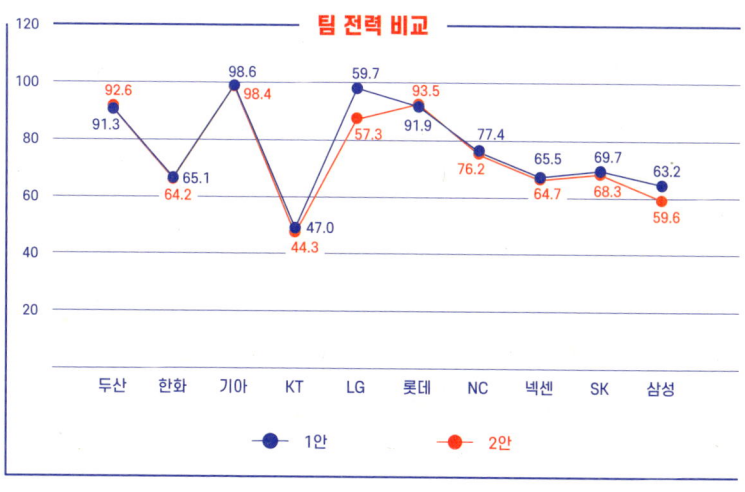

팀 전력 평가를 통해 다음을 준비한다

야구 선수평가에 대한 가정에 포지션별 중요도에 대한 가정을 더한 평가 결과를 종합하면 다음과 같다. 팀 전력평가값과 실제 페넌트레이스 순위를 비교하면, LG가 평가값을 두드러지게 앞서는 성적을 낸 것 외에는 거의 일치한다. 야구가 선수의 플레이를 아무리 기록화할 수 있는 종목이라고 하더라도 선수의 능력을 정량화하는 데는 한계가 있을 수밖에 없다.

포지션 중요도의 평균값(1,2안) 적용시의 팀 전력분석 결과

1위와 격차	두산	한화	기아	KT	LG	롯데	NC	넥센	SK	삼성
1,2안 평균	91.9 3위	64.7 7위	98.5 1위	45.7 10위	58.5 9위	92.7 2위	76.8 4위	65.1 6위	69.0 5위	61.4 8위
실제 순위	2위	7위	1위	10위	6위	3위	4위	7위	5위	9위
투수력	3.2	60.0	4.2	101.6	101.6	0.0	44.0	58.7	56.9	83.5
포수+내야	23.5	32.6	0.0	15.2	16.5	13.0	22.2	19.2	24.0	22.1
외야+1루, 지명타자	6.7	29.0	0.0	67.4	42.5	19.9	10.2	44.2	23.5	16.1
총 전력 차	6.6	33.8	0.0	52.8	40.0	5.8	21.7	33.4	29.5	37.1
실제 승차	2	25.5	0	37.5	17	6.5	7	17.5	12	30

하지만 그 한계를 인정하더라도 약간의 노력만 투자하면 코칭스태프나 단장이 감으로만 파악하고 있는 어디가 약한지에 대한 것뿐만 아니라 어느 정도 약한지를 수치로 확인할 수 있다. 온갖 첨단 IT 기기를 동원해 형태가 없는 것을 정량화하는 요즘 시대에, 스포츠 분야 역시 약간의 기술만 동원하면 무엇이든 정량화가 가능하다. 다시 한 번 말하자면 정량화야말로 엄밀한 의미의 지피지기를 뜻한다.

이와 같은 표를 보유했다면, 팀 전력을 보강하는 작업은 팀이 보유한 역량에 맞춰 우선순위를 정하고 실행하는 일만 남았다.

5   즉시전력과 미래전력의 선택 시 참고자료

길어야 2-3년 뛸 수 있는 베테랑 급 즉시전력과 주전은 아니지만 10년을 뛸 수 있는 가능성 있는 선수 중 한 명을 선택해야 할 때가 있다. 나이의 한계와 가능성을 놓고 판단해야 하는 어려운 순간에 선수평가 수치는 참고자료로 활용할 수 있다. 실제로 메이저리그에서는 세이버메트릭스에서 산출된 수치를 선수선택에 보완자료로 활용하고 있다.

아래의 두 그래프는 선수 130명의 AV값과 TV값을 나이에 따라 분포시킨 것이다. 평가값에 나이를 반영한 TV Trade Value값은 선수의 잠재력을 나타내는 수치로 해석할 수 있다. AV값이 높은 선수는 현재 주전이고 나이가 많은 선수일수록 TV값은 낮아진다. 반면에 AV값은 낮지만 TV값이 높은 선수는 현재 성적은 주전보다 못하지만 잠재력을 가진 선수로 볼 수 있다.

선택카드가 달라지겠지만 두 번째 그래프에 표시한 선수간의 트레이드가 성사되었다면 유망한 젊은 선수(AV=10, TV=40)와 나이는 많지만 당장 즉시전력인 선수(AV=18, TV=20)를 교환한 사례로 볼 수 있다. 이와 같이 선수평가수치는 사람의 눈을 보완하는 자료로 활용할 수 있다.

10개 구단 130명 선수의 나이에 따른 평가값(AV) 분포도

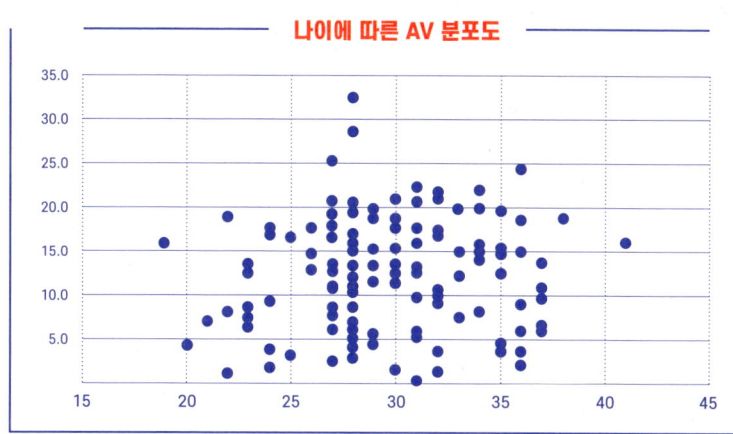

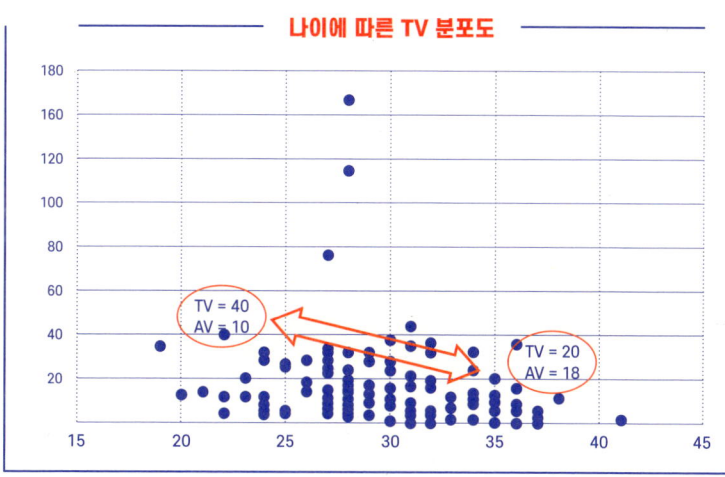

9

**리더가 팀을
이끈다**

1 스포츠팀의 리더

지금까지 설명한 이러한 일은 누구의 책임하에 진행되어야 할까? 팀에는 연관된 수많은 외부의 이해관계자와 선수, 코치, 프런트 등 내부관계자들이 있다. 이들은 직접적이거나 간접적으로 팀 전력에 영향을 미친다. 팀의 리더는 이들과 함께 팀 목표를 향해 매진해야 하고 결과에 대한 책임도 져야 한다. 출전선수의 결정이나 상대 팀 전술에 따른 대응 등 그라운드 안에서 벌어지는 일들은 분명히 감독의 책임하에 진행된다. 그리고 팀 운영예산의 조달이나 훈련시설 확보, 프런트 인력의 충원 등은 팀 대표의 몫이다. 요즘은 경영 전반이나 재원 조달에 관한 책임은 대표가 지고 선수단 운영에 관한 책임은 감독과 단장이 나누어 갖는 추세이다. 감독은 그라운드 안을 책임지고 단장은 그라운드 밖에서 일어나는 전력강화에 관한 업무를 책임진다. 아직 한국에서는 팀 성적부진으로 단장이 사임하는 사례는 보기 어렵지만 미국 프로구단에서는 가끔씩 단장이 책임지는 경우가 있다. 트레이드나 스카우트 등에서 권력을 행사하는 단장이 선수단 구성 잘못으로 팀 성적이 나빠졌을 때 일이다. 단장과 감독은 선수단 구성에 관해 의견충돌이 종종 일어나기도 하지만 서로 역할을 분담하는 협력관계이다. 따라서 팀 전력 강화사업에 관한 한 리더가 두 명인 셈이다.

팀과 연관된 이해관계자

소속선수
주전선수, 교체선수, 육성선수, 스타플레이어 등
다양한 등급으로 구성되어 차등관리가 필요함

아마추어 선수
초등, 중등, 고등학교 선수에서 대학선수까지
잠재적인 프로선수들로 기량변화의 관찰이 필요함

코칭스태프
선수기량 개선이 주요업무이며 전문성 보유여부 및
가르치는 능력을 체크해야 함

협회(아마추어)
대회규정 및 규칙의 제정, 아마추어선수의 등록과 말소,
대표선수의 선발 등을 관장

프로연맹
대회규정 및 신인 선발, 선수의 등록과 말소,
심판 및 기록 업무 등을 관장

구단 / 팀 / 프런트
대회규정 및 신인 선발, 선수의 등록과 말소,
심판 및 기록 업무 등을 관장

미디어 / 기자
경기내용이나 인물 기사 등을 시청자 독자에게 전달하기 때문에
사실여부의 확인이 필요함

광고주, 스폰서 등
광고 및 스폰서십을 통해 자사제품의 프로모션을 목적으로
후원하는 기업이므로 팀 및 선수의 이미지 관리를 통해
후원결정에 긍정적인 영향을 미칠 수 있게 노력

에이전트
선수의 이익을 대변하는 에이전트와는
원활한 스카우트나 트레이드를 위해 유대관계를 구축해야 함

지자체 / 경기장 관리단체
훈련일정 및 연습일정의 원활한 확보를 위해
유대관계구축이 필요함

2 감독의 역할

팀에서 감독이 하는 일은 분명하다. 주어진 선수 혹은 직접 구성한 선수로 필드에서 팀이 원하는 성과를 내는 일이다. 이를 위해 감독이 하는 일은 크게 두 가지로 나뉜다. 첫째는 가장 잘할 것 같은 선수를 골라 경기에 출전시키는 일이다. 당일 경기 혹은 시즌에서 최고의 성과를 내기 위해 좋은 선수를 기용하고 상대 팀에 따른 전략과 전술을 구사하는 것은 전적으로 감독에게 맡겨지는 일이다. 또 선수가 제 기량을 발휘하게 만드는 것 역시 감독의 역량에 달렸다.

둘째는 감독에게 주어진 선수 군단의 기량을 발전시키는 일이다. 팀 기량의 개선은 선수 개인의 기술을 향상시켜 개선하는 방안과 좋은 선수 영입을 통해 개선하는 방안이 있다. 이는 선수 영입에 관한 권한이 감독에게 주어질 때 가능하다. 전자는 기술 지도 능력에 달려 있고, 후자는 선수 보는 눈에 달려 있다.

과거에는 감독이 선수와 연봉 협상, 트레이드 등의 업무까지 책임졌지만 지금은 하부리그에서나 감독이 그런 일을 수행하고 있다. 최근 들어 감독이 하는 역할은 선수의 선택, 선수 지도와 관리, 팀 전략 전술의 개발 등으로 한정되는 추세이다. 『메이저리그 명감독 열전』의 저자 레너드 코페트 Leonard Koppett의 말을 빌리자면 플레이가 벌어지기 전에 결정을 내리는 유일한 사람이 감독이다.

플레이가 벌어지기 전에 내리는 결정이란 무엇일까? 예를 들면 이렇다. 몇 년 전, 펜싱 지도자 둘에게 세 명이 출전하는 단체전에서 네 번째 선수로 누구를 뽑을 것인지 물었던 적이 있다. 펜싱에서 '네 번째 선수'란 만일에 대비해 준비시키는 후보 선수를 의미하는데, 각각 "영리한 선수"와 "기질 있는 선수"를 꼽았다. 전자는 프랑스의 디종에서 펜싱클럽을 30여 년간 운영해 온 노 펜싱 코치의 대답이었고, 후자는 2016년 리우올림픽을 앞둔 한국 대표팀 감독이 했던 답이었다.

종목에 관계없이 감독의 가장 중요한 역할은 선수 선발이다. 감독이 어떤 플레이를 추구하느냐에 따라 공격형 선수를 발탁할 수도, 수비형 선수를 발탁할 수도 있다. 앞서 프랑스 코치와 한국 대표팀 감독의 대답이 달랐던 것도 두 사람의 철학이 달랐기 때문이다. "영리한 선수는 배운 기술 이상의 창의적인 플레이를 보여줄 수 있다. 네 번째 선수가 출전하게 된다면 어려운 경기가 될 게 분명하고 그런 경기에서는 임기응변이 필요하기 때문이다." 프랑스 코치가 한 말이다. 선수층이 두꺼워 기술, 체력에서 큰 차이가 없는 프랑스 펜싱의 코치로서 일리가 있는 선택이다. 반면 한국 대표팀 감독은 이렇게 설명했다. "체력이나 기술에서 앞선 유럽선수를 상대할 때는 기세로 대결하는 수밖에 없다. 이것저것 따지지 않고 몰아붙일 선수라야 승기勝機를 잡을 수 있다." 감독에게 주어진 선수 선발 권력은 플레이가 벌어지기 전에 행사될 수 있다.

3 감독이 갖추어야 할 역량

로빈스(Robins, 1994)는 『축구 경제학(Stephen Dobson 외)』에서 감독이 갖추어야 할 역량을 기획력, 조직력, 리더십, 통제력으로 구분했다. 기획력은 목표를 달성하기 위한 전략 수립 능력을 말한다. 전사적인 전략 수립에는 감독뿐만 아니라 구단주나 단장이 개입하는 경우도 많다. 조직력은 필드 안팎에서 벌어지는 다양한 일을 선수나 코치에게 위임하는 능력을 의미한다. 리더십은 선수들에게 동기부여를 하는 것뿐만 아니라 스태프들이 구단 목표를 위해 최선을 다하게 만드는 역량이다. 통제력은 팀이 조직 목표를 위해 효율적으로 운영되고 있는지를 체크하고 필요 시 적절한 조치를 취할 수 있는 능력이다.

FIFA(국제축구연맹)에서는 감독이라면 전략적 사고뿐만 아니라 인품, 지성, 교육학적 지식까지 갖출 것을 권장한다.

레너드 코페트의 감독론	FIFA가 제안하는 감독이 갖추어야 할 자질
- 경기운영 - 엔트리결정 / 출전선수 명단작성 - 선수 기량평가 - 선수단 기강 확립 - 구단조직과의 유대 - 매스컴과 팬 상대 - 선수지도 / 코치에게 권한 위임 - 감독업무와 사생활의 조화	- 인성 　• 축구에 전념 　• 카리스마 　• 자제력 　• 정직 　• 유머 - 자질 　• 지성 　• 스포츠맨 　• 의사소통 능력 　• 전략적 사고 　• 심리, 생리, 교육학적 지식 - 관리 스타일 　• 일관성 (추구목표 및 리더십에 관한) 　• 설득력 　• 권위 / 명확하고 공평한 결정

『야구란 무엇인가』의 저자 레너드 코페트Leonard Koppett는 야구감독은 군대에서의 장군과도 같으며, 감독은 전략, 전술의 결정뿐만 아니라 훈련, 선수 스카우트, 건강관리, 심지어는 도덕적인 면까지 관리를 해야 한다고 했다. 그가 구체적으로 제시한 감독의 임무 열 가지는 어떤 종목에서나 통용될 수 있다.

미국 대학농구계에서 명장 중의 명장으로 꼽혔던 릭 피티노Rick Pitino 감독은 감독이 선수들에게 동기를 부여하는 것이 전략을 수립하는 일보다 우선이라고 강조했다. '뭔가를 해야겠다는 마음'이 동기라면 '그 씨앗을 뿌려주는 것'이 동기부여다. 김인식 전 WBC 대표팀 감독은 1군선수를 2군으로 강등시킬 때 "한 달 동안 너의 약점을 훈련을 통해 고쳐라" 하고 감독이 직접 선수를 불러 지시하는 것과, 담당 코치를 통해 엔트리에서 빼는 것과는 큰 차이가 있다고 했다. 전자는 선수가 자신의 약점을 납득하고 열심히 훈련해 고쳐야겠다는 마음을 먹게 하지만, 후자의 방식은 자칫하면 감독에게 버림받았다는 좌절감으로 자포자기하게 만들 수도 있다. 아무리 좋은 선수로 구성된 강팀일지라도 선수가 열심히 잘해야겠다는 마음을 먹게 하는 동기를 부여하지 못하면 어떤 전략이나 전술도 먹힐 수 없다는 게 릭 피티노 감독의 생각이다.

안준호 전 삼성농구단 감독은 팀이 이기기 위해서는 선수들의 응집력을 이끌어내는 것이 중요하며, 이는 탄탄한 팀워크에서 비롯된다고 강조했다. 그러기 위해서는 선수를 일관적으로 공평하게 대해야 하며, 감독이 자신의 기분에 좌우되어 평정심을 잃을 경우, 선수들에게 즉시 영향을 미치게 된다고 말했다.

선수 보는 눈을 갖춘 사람이라는 전제 하에 감독이 갖추어야 할 첫째 역량은 전략 수립 능력이다. 감독은 자기가 맡은 팀의 총체적인 전력이 어느 정도인지를 분석하고 이를 보완하기 위해 스카우트부터 기술 지도까지의 대책을 수립할 줄 아는 역량이 필요하다. 기존 전력과 배당된 예산에 맞춰 전력을 극대화시킬 수 있는 전략의 수립은 기술 지도만 하는 코치가 아닌 감독의 역할이다. 전략에는 시즌 운영 전략뿐만 아니라 부상선수가 발생했을 때의 대처 방안 등이 포함된다.

팀 사정을 잘 알고 자신의 종목에 대해 뚜렷한 관觀을 가질 필요도 있다. 각 팀이 처한 상황과 필요로 하는 핵심 역량이 팀마다 차이가 있기 때문에, 같은 값이면 그 팀이 처한 상황을 가장 잘 이해하는 인물이 감독으로 선임되는 것이 좋다. 그런 이유로 대개의 프로 팀에서는 고참선수 중에서 코칭스태프를 선임한다. 한 팀에서 같이 생활했던 선수 출신 중에서 감독을 뽑기 위해서는 평소에 그 선수나 코치의 인성이나 리더십, 동료와의 관계, 어려움에 처했을 때의 행동, 성장배경 등을 잘 관찰해두어야 한다. 그러한 관점에서 선수나 코치를 관찰하노라면 선수로 끝날 선수와 코치를 할 수 있는 선수, 장래의 감독이 될 수 있는 재목을 구분하는 데 그리 긴 시간이 소요되지는 않는다. 감독이 되려면 여기에 한 가지 추가해야 할 것이 바로 오랜 경험을 통해 정립된 전문가다운 자신만의 축구관이나 농구관, 야구관 등이 확고해야 한다. 메이저리그 카디날스 팀의 감독을 역임했던 화이티 허조그Whitey Herzog는 다음 페이지의 표와 같은 기본적인 야구관을 갖고 있었다.

허조그가 자신의 자서전에서 피력한 야구관에는 자신이 추구하는 야구가 무엇인지, 지형(경기장 구조)을 활용하는 전략전술, 야구감독으로서 갖추어야 할 전문지식과 리더십이 담겨 있다. 이 밖에 축구감독들의 승부 철학을 소개하자면 다음과 같다.

화이티 허조그의 야구관

자신이 추구하는 팀 컬러	- 스피드, 수비, 라인드라이브, 타격 - 뛰는 야구를 상표로 도전적인 플레이 구사 - 단단한 팀워크
홈 구장 승률을 높이기 위한 전략	- 투수에게 유리한 넓은 구장이라 투수력강화에 총력 - 발 빠른 선수들로 구성 - 수비 실책 방지에 전력 - 단타위주의 팀은 팀 타율 2할6푼5리 이하로 처지면 위기에 처한다 - 경기당 주자를 12-13명을 출루시켜 득점 확률 증대
투수 운영론	- 3연전에서 상대투수의 이름에서부터 눌리는 투수가 우리 팀 선발로 나서면 야수들이 심리적으로 위축될 수 있기 때문에 다수의 선발투수 확보가 중요 - 마지막 2회를 확실하게 틀어막을 수 있는 마무리투수가 있다면 야구의 27아웃 중에서 상대팀은 21명만 공격하는 것과 동일하다. - 마무리투수는 승부 기질과 함께 가공할 강속구를 갖고 있거나, 투구 폼이 종잡을 수 없거나, 까다로운 주 무기를 갖고 있어야 한다.
감독관(觀)	- 선수를 휘어잡는 힘 - 포용력이 있어야 하고 선수나 코치에 대한 시기심이 없어야 함 - 건전한 가치관 - 기술개발을 통해 선수수명을 연장시킬 줄 아는 능력 - 관중동원에 관심 - 주어진 여건을 최대한도로 활용하는 능력

출처: 화이티 허조그 자서전 『챔피언 만들기』, 이종남 역.

'적진에서 상대가 공을 차지한 순간 자신이 첫 번째 수비수가 된다.'
- 아르고 사키

'일단 공이 구르기 시작하면 감독이 할 수 있는 일은 세 번의 선수 교체밖에 없다.' - 거스 히딩크

'감독이라면 누구나 자신이 추구하는 축구가 있고 그런 축구를 위해 필요한 선수가 있다. 그러나 아무도 없는 상태에서 선수를 뽑아 자신이 추구하는 팀을 만들기는 불가능하다. 감독 한 명이 할 수 있는 일은 자신의 축구관을 팀의 잠재능력을 융합시켜 최선의 해결책을 끌어내는 일이다.' - 카를로 안첼로티

'적극적인 압박에서 골을 넣기 위해 필요한 것은 육체적인 컨디션이 아니다.' - 카를로 안첼로티

출처: 『축구명장의 이기는 독설』, 고와바라 데루야, 2013

포용력, 즉 '그릇'도 감독이 갖추어야 할 중요한 덕목 중의 하나다. 포용력 없는 인물이 리더가 됐을 때 내부에서 어떤 문제가 일어나는지는 미국 대통령 트럼프가 보여주는 난맥상이 대표적이다. 오래전 작고한 이종남 야구전문기자와 함께, 감독의 리더십 역량이 군대로 치면 어느 계급 정도 되어야 당시 70명에 달하는 선수단을 통솔할 수 있을지를 놓고 토론을 벌인 적이 있다. 프로구단에 근무

중이었던 나는 "최소 연대장 그릇은 돼야 선수단을 무리 없이 거느릴 수 있다"고 주장한 기억이 난다. 인원은 적지만 나름대로 '스타'만 모아놓은 부대라 그 정도는 되어야 가능하다는 논조였다. "그러면 구단 사장 그릇은 어느 정도 되어야 하는가?"라는 주제로 발전해 기자와 몇 시간을 더 갑론을박 했는데 당연히 사장은 더 큰 그릇이어야 감독 그릇을 다룰 수 있다는 결론이었다. 스포츠팀의 감독을 군대 조직과 비교할 때 위관급으로 할지 장군 재목으로 할지는 임명권자인 최고경영진에서 판단해야 하겠지만 포용력 없는 인물을 기용하면 감독의 시기심으로 인해 스타플레이어와 다투는 일이 왕왕 생긴다. 재미 삼아 제갈공명 심서心書에서 논하는 장군의 그릇將器을 소개한다.

제갈공명 심서心書에서 얘기하는 장군의 그릇

10명을 부릴 수 있는 리더 (十夫之將)	간사한 것을 살필 줄 알고 위기대처 능력이 있고 여러 병사를 따르게 할 줄 아는 사람
백 명을 부릴 수 있는 리더 (百夫之將)	성실하고 언사를 분별해서 쓸 줄 아는 사람
천 명을 부릴 수 있는 리더 (千人之將)	정직하고 사려가 깊으며 용맹하게 싸울 줄 아는 사람
만 명을 부릴 수 있는 리더 (萬人之將)	외모가 씩씩하고 주관이 뚜렷하며 인정이 있고 부하들의 고충을 이해할 줄 아는 사람
십만 명을 부릴 수 있는 리더 (十萬人之將)	어진 사람을 기용할 줄 알고 하루에 한 번씩 잘잘못을 살피고 지성과 관용을 가지고 조용한 가운데 다스리는 사람
최고사령관 (天下大將軍)	인자한 마음으로 군중을 사랑하고 이웃나라를 신의로 평정할 줄 알고 국내외 정세와 천문지리에 정통하고 공정한 인사를 시행하며 모든 여건과 상황을 꿰뚫어 보는 사람

김인식 감독 인터뷰

나보고 한국 프로야구 역사에서 선이 굵은 감독 두명만 꼽으라면 김성근, 김인식을 추천한다. 감독의 실적을 나타내는 통산승수에서는 명예의 전당에 헌액될만한 김응룡(1526승) 감독이 타의추종을 불허하지만 자신의 야구라는 노선면에서는 관리야구의 김성근, 자율 야구의 김인식이 뚜렷하다. 그 중 한명인 김인식감독을 인터뷰한 이유는 요즘 시대정신에 맞는 선수 자율에 맡기는 리더십을 일찌감치 보여줬기 때문이다. "나라가 있어야 야구가 있다" "야구는 사람이 한다" 등의 독특한 어휘 구사력으로 사람들을 잘 설득시키는 김인식 전 WBC 감독을 만났다. 프로야구 통산 978승, 한국시리즈 2회 우승, 프리미어12 우승, WBC 준우승 등 화려한 경력을 가진 김인식 감독은 경기 중이나 시즌 중 좀처럼 주전선수를 교체하지 않는 것으로 알려져 있다. 언론은 그의 야구를 '믿음의 야구', '잡초 야구'라고 부르기도 한다. 그가 생각하는 감독론에 대해 들어봤다.

Q. 선수나 언론에서 말하는 '믿음의 야구'가 어떤 야구입니까?

"그건 선수들이 붙여준 말이고 나는 원래 '호쾌한 야구'를 추구한다. 타격뿐만 아니라 피칭에서도 공격적인 팀 컬러를 만들려고 노력했다. 물론 매치포인트에서 멋부리다 지는 게임을 하자는 것은 아니다. 때로는 번트도 대지만, 대체로 선이 굵은 야구를 지향한다."

Q. 감독이 구상하는 호쾌한 야구를 하려면 그건 선수들이 따라줘야 가능한 것 아니냐?

"연습 때부터 '실전'을 가르쳐야 하지. 상대방이 느리거나 빠르거나 상대방 액션에 따라 선수가 스스로 임기응변할 수 있도록 연습을 실전처럼 해야 하지. 그런 연습에 익숙해지면 실전에서도 주눅 들지 않고 자기 플레이를 하게 된다."

2016년 스포츠비즈니스 지와의 인터뷰에서 김인식 감독은 '호쾌한 야구'를 하려면 '충전 후 발산'이 필요하다고 한 적이 있다. 선수에게 쉴 시간을 주고 에너지를 비축한 다음 경기에서 발산해야 한다는 지론이다. 지금은 일반화되었지만 김 감독은 오래전부터 3일 혹은 4일 훈련을 하면 하루를 휴식하는 훈련 일정을 시행했었다. 충전된 몸과 마음으로 마음껏 휘두를 수 있는 타격과 집중력 있는 실전훈련이 될 수 있게 만든 일정이다.

Q. 야구팀에서 감독의 역할은?

"선수가 잘 뛰게 하는 게 가장 중요한 역할이다. 물론 잘 뛰게 하는 게 쉽지는 않지. 기술이나 체력이 있어야 하고 강심장도 갖춰야 하니까. 가능성 있는 선수를 좋은 선수로 만들어 잘 뛰게 하는 것이 감독의 역할 아닐까? 사실 잘 뛰는 선수는 감독의 잘못을 커버해주기도 해. 경기에서 감독은 경기의 흐름을 읽을 줄 알아야 돼. 매치포인트나 단기전에서는 상황에 맞는 전술을 즉시에 펼쳐야 되고."

말로는 쉽지만 '잘 뛸 수 있게 만드는 것' 외에 감독이 더 할 수 있는 일은 사실 없다. 김 감독이 잘 뛰는데 필요한 선수의 자질로 든 '강심장'은 이 책에서 말하는 정신력이다. 여기에 프로로서의 기술을 감독이 보태주고 상황에 맞는 전술을 구사하는 게 감독의 역할이다. 그 역할을 수행하기 위해서는 선수를 설득하는 능력이 필요하다. 다른 말로는 선수가 감독을 따르게 만들어야 한다. 리더십을 발휘하기 위해서는 권력과 권위가 필요하다. 감독에게는 선수를 기용하는 권력이 주어지는데 '권위'가 없으면 선수를 자발적으로 따르게 하기 어렵다. 선수가 따르지 않으면 출전시키지 않는 게 감독의 권력이라면 권위는 자발적으로 따르게 하는 힘이다. 선수가 믿고 따르게 하는 김 감독의 권위는 특유의 톤으로 하는 '여보세요'라는 말투에서도 엿볼 수 있다. 이 말이 여러 톤으로 감독의 입에서 나올 때 그 자리에 있는 모든 사람은 그 자리에서 주목한다. 듣는 사람에게 뭔가 있다는 신호로 받아들이기 때문이다. 그게 선수나 코치가 인정하는 김 감독의 권위이다. 작전에 관해 말하자면 김 감독은 주자 1, 3루에 있을 때 상대팀이 알고도 당할 수밖에 없는 위장번트* 전술을 처음 선보이기도 했다.

Q. 감독이 갖추어야 할 중요한 자질은?

"당연히 야구전문가여야 하겠고, 선수 보는 눈이 있어야 한다. 크게 될 선수와 안 될 선수뿐만 아니라 반쪽짜리 선수라도 그 선수가 가진 특기를 간파하고 그게 통할 것 같은 장면에 기용하는 건 선수 보는 눈이 없으면 어렵지."

* **위장번트** 타자가 번트를 대는 척하면서 전진수비를 유도하다 마지막 순간에 방망이를 뒤로 빼 주자가 쉽게 도루할 수 있게 만드는 플레이

김 감독은 OB베어스 시절 이전까지 3루수였던 심정수를 외야수로 돌려 대성공을 거두었던 적이 있다. 또한 나이 어린 이도형을 주전포수에 4번 타자로 기용해 한국시리즈 일등 공신으로 만들기도 했다. 김 감독은 심정수를 외야로 돌려놓고 생소한 포지션에 적응하는 데 시간이 걸릴 걸로 예상하고 기다렸다. 그때 "실수를 하긴 할 텐데 얼마나 중요한 순간에 할지 조마조마했다"고 회상한다. 아마 감독이 선수를 믿고 기다린다는 사실을 선수들이 알았기 때문에 '믿음의 야구'라는 말이 선수들 입에서 나왔을 것이다. 1995년 그해 우승은 김 감독의 선수 보는 눈이 없었으면 선수에게도 팀에게도 불가능한 성과였을 것이다.

"감독은 두 개의 가슴을 가져야 해. 하나는 야구에 대한 열정이고 또 다른 하나는 '선수를 사람으로 보는 정'이 있어야지. 감독이라면 누구나 야구에 대한 열정은 갖고 있겠지만 선수가 선수 이전에 '남의 집 귀한 아들'이라는 마음도 있어야 해. 선수의 생사여탈권을 쥔 감독이라는 지위로 선수 마음을 움직이기는 어렵지. 선수에게 잘해야겠다는 동기를 심어주려면 따뜻한 마음을 가져야 된다고 봐."

"선수들이 뭔가를 해야겠다는 동기를 갖게 하는 것도 감독의 역할 중 하나다. 감독이 따뜻한 마음을 가졌을 때 설득력이 있지 않겠나. 선수를 엔트리에서 제외할 때도 감독이 직접 선수를 불러 2군에 내려가서 이것저것을 보완하라고 지시하는 게 바람직하다. 나도 처음에는 관행을 따라 코치를 시켜서 선수를 제외했지만 선수가 혹시라도 받았을지 모를 마음의 상처를 생각하면 좀 후회스럽기도 하다."

김 감독은 사실 모든 선수를 배려하는 따뜻한 마음을 가진 사람이다. 1995년 늦가을 페넌트레이스 마지막 경기에서 극적으로 반 게임 차 리그 1위를 차지했을 때 있었던 일이다. 김 감독은 덕아웃에 몰려온 기자들의 질문 공세를 받은 후 선수단 숙소에서 있었던 만찬 자리에서 이렇게 말했다.

"아까 기자들이 몰려와 베어스가 꼴찌에서 1위로 올라서게 만든 수훈선수가 누구냐고 물었는데 몇몇 선수 이름만 댄 것 같다. 혹시라도 내일 조간신문에 여러분들 이름이 안 나오더라도 내가 경황이 없어 그런 거니까 섭섭해 하지 마라. 박현영! 올 시즌 수고 많았다."

박현영은 그해 시즌 후배에게 주전 자리를 넘겨주고 교체선수로 들락날락하면서 불만 없이 팀을 위해 희생했던 선수였다. 나뿐만 아니라 그 자리에 있었던 모든 사람이 김 감독의 배려심을 확인한 한마디였다고 생각한다.

김인식 감독은 시츄에이셔널 리더십Situational Leadership을 배우지 않았는데도 현장에서 구사해내는 사람이기도 하다.

1995년 일본 전지훈련장에서 당시 OB베어스를 처음 맡았던 김인식 감독에게 "처음 맡은 팀을 어떻게 끌고 갈 것이냐"고 물었던 적이 있다. 솔직히 야구계에서 평판이 가장 좋은 감독 중의 한 명인 그 분에게 리더십에 관해 한 수 배우고 싶은 욕심에서 했던 질문이었다. 답은 이랬다.

"먼저 동계훈련 과정을 충분히 관찰한 후 예순 명의 선수 중 기량이 우수한 스물다섯 명을 가려낸다. 이렇게 선발된 스물다섯 명은 큰 이변이 없는 한 1군에서 한 시즌을 가지 않겠는가. 그러고서 이 스물다섯 명이 시즌 내내 제 기량을 충분히 발휘하게 하려면 어떻게 해야 하느냐. 1군에 선발된 선수들은 어느 정도 궤도에 올라선 선수들이기 때문에 기술개발보다는 팀워크를 유지하는 것이 더 중요하다. 왜냐하면 팀 스포츠인 야구에서 126 게임을 하다 보면 아무리 실력이 없는 팀도 3분의 1은 이기고, 아무리 실력이 있는 팀도 3분의 1은 진다. 그런데 실력이 없어서 지는 것은 용납할 수 있지만 팀워크의 붕괴로 인해 진다는 것은 전적으로 감독의 책임이다. 그래서 내가 팀을 관리하는 기본은 이렇다. 1군에 선발된 스물다섯 명 중 뛰어난 열 명은 자신들이 항상 선발선수로 뛰기 때문에 불만이 없다. 또 기량이 처지는 밑의 열 명은 자신들의 실력이 선발보다 못하다고 속으로 인정을 하기 때문에 잡음을 일으키지 않는다. 내 경험으로 볼 때 팀워크의 문제는 항상 중간에 낀 다섯 명이 일으킨다. 그래서 나는 자신이 선발보다 실력이 뛰어난데도 시합에 나가지 못하고 있다고 생각하는 중간의 다섯 명을 유심히 관찰한다."

이 말 속에는 다년 간의 경험을 통해 익힌 감독의 선수단 통솔 기법이 담겨 있다. OB베어스라는 팀에서는 "팀워크의 유지"가 좋은 성적을 내는 관건이라고 판단하고 팀을 리드한 김인식 감독은 그해 한국시리즈에서 대권을 움켜쥐었다.

김 감독이 동계훈련에서 한국시리즈 우승을 하기까지의 외형적인 선수관리 기법은 이렇다.

- 전체선수 예순 명을 동계훈련을 통해 포지션별로 경쟁을 시킨 후 그중 스물다섯 명을 선발하여 1군 엔트리에 등록한다.

- 선발된 스물다섯 명 중 상위 열 명은 자율에 맡긴다.

- 선발된 스물다섯 명 중 하위 열 명은 상위 그룹에 진입할 수 있도록 기량 향상에 초점을 맞춘다.

- 나머지 다섯 명은 코칭스태프에서 기량 향상뿐만 아니라 심리적인 카운슬링까지 신경을 쓴다.

- 2군에 배치된 서른다섯 명은 체력, 기술, 매너 등 모든 부문을 장기간 수련한다.

시츄에이셔널 리더십

김인식 감독이 선수를 통솔할 때 구사했던 켄 블랜차드 Ken Blanchard의 상황별 리더십 Situational Leadership을 참고로 소개하자면 이렇다.

조직의 리더는 구성원을 다룰 때 그들의 능력에 맞게 다루어야 구성원의 잠재력을 효율적으로 개발할 수 있다는 이론이다. 조직의 리더는 목표를 설정하고 그 목표를 달성하기 위해 조직원을 자신의 의도대로 이끌어 나간다. 리더가 조직원들에게 무엇인가를 지시를 할 때는 그 사람의 능력에 맞는 적합한 지시를 하고, 지속적으로 관찰하며 능력을 개발시켜 주어야 전체 조직의 목표를 달성할 가능성이 크다는 취지다. 켄 블랜차드는 조직의 구성원을 기본 자질과 의욕, 숙련의 정도에 따라 4등급으로 나눈 후 그 등급에 맞는 리더십 스타일을 네 가지 유형으로 그림과 같이 도식화하였다.

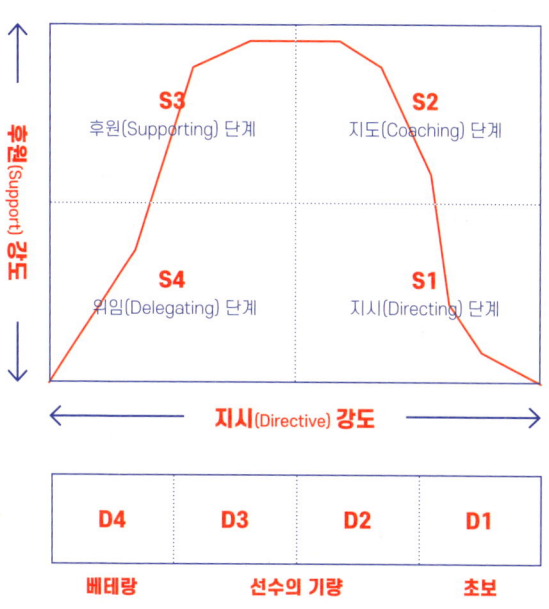

리더는 구성원을 그림의 D1, D2, D3, D4의 4등급으로 나눈다. 그리고 그 등급에 상응하는 리더십의 유형을 S1, S2, S3, S4의 네 가지로 나누어 적용한다는 것이 그의 이론이다.

D1의 그룹에는 특정 업무에 관해 초보자급이 해당되며 상위 그룹으로 올라갈수록 숙련 정도가 뛰어난 그룹이다.

또 블랜차드는 리더십을 리더의 지시Directive 행위와 후원Supportive 행위의 강도의 조합에 따라 네 가지 유형으로 분류하였다.

즉, 최하위 등급인 D1 그룹에게는 리더의 일방적인 지시 행위가 많고 후원 행위가 적으며, 이를 지시 단계Directing, S_1라고 한다. D2 그룹에게는 리더의 지시 행위와 후원 행위가 같이 많아야 하며 이를 지도 단계Coaching, S_2 라 한다. 숙련공 급인 D3 그룹에게는 후원 행위가 많고 지시 행위가 적어야 하며 이를 후원 단계Supporting, S_3 라고 한다. 그리고 가장 뛰어난 그룹인 D4 그룹에게는 지시 행위와 후원 행위가 모두 줄어드는 위임 단계Delegating, S_4 라고 한다.

상황별 리더십이란 리더가 조직원의 능력이나 의욕을 감안하여 4등급으로 나눈 후 그에 비례하여 지시 행위와 후원 행위의 강도가 적절히 조합된 리더십을 적용한다는 이론이다. 이러한 리더십은 뛰어난 리더에게서 흔히 볼 수 있다. 김인식 감독의 경우도 목표를 달성하기 위한 방법으로 택했던 그만의 야구팀 리드기법이 켄 블랜차드의 상황별 리더십과 거의 일치한 것으로 볼 수 있다. 단지 그의 리더십 이론에서 강조하는 것은 위급한 상황이거나, 시간이 촉박한 상황이거나, 조직원에게 다른 일이 겹쳐 복잡한 상황에 처했을 경우에는 리더가 그러한 상황까지 감안하여 리더십을 발휘해야 한다는 것이다. 즉 상황의 위급 정도에 따라서 D4급의 뛰어난 부하에게도 때로는 강력한 지시 행위를 할 줄 알아야 뛰어난 리더가 될 수 있다.

4 감독의 선임

능력 있는 지도자는 눈에 띈다. 새로 입단한 선수를 1년만 유심히 지켜보면 선수 생활에서 그칠 선수, 코치가 될 만한 선수, 감독의 재목인 선수를 구분할 수 있다. 코치가 될 만한 선수란 '그 기술을 왜 그렇게 구사해야 되는지' 탐구하는 자세를 가진 가진 선수를 말한다. 감독 재목은 거기에 리더십을 갖춘 선수를 말한다. 그들은 학력과 상관없이 영리해 상황 판단이 빠를 뿐만 아니라 학습능력이 뛰어나고 무엇보다 적절한 어휘 구사로 상대방을 설득할 줄 안다. 물론 선수로서의 기량과는 별개다. 외부에서 지도자를 새로 영입하는 것과 구단 내에서 발견하는 것은 또 다른 문제다. 단장이 감독을 뽑을 때에도 노트르담대학의 풋볼 감독이었던 루 홀츠 Lou Holts 의 말을 참고할 필요가 있다.

"자리가 빌 때를 기다리면 이미 늦다. 그리고 '대상자에 누가 있지?'에서 시작하면 일류 구하기는 물 건너간 것이나 마찬가지다."

홀츠는 평소에 공석이 되기 전에 미리 유망인물 리스트를 만들어 두고 유심히 관찰하면서 과연 자기가 필요로 하는 인물인지, 그렇다면 어떻게 설득할 수 있을지를 고민했다고 한다. 마침내 자리가 나면, 이미 만반의 준비를 마친 상태에서 대처할 수 있었다. 대학에서 감독을 하고 싶어 한다거나 프로팀에서 뛰고 싶어 한다는 등 해당 인재의 목표에 대해 알고 있기 때문에 실질적인 교섭에서도 "내가 당신이 원하는 것을 이런 방식으로 도와줄 수 있다"며 구체적으로 접근할 수 있었다. 다양한 후보군 중에서 뽑아야 한다면 감독으로서 필요한 자질을 세분화한 평가표를 고안해 선발할 수도 있다.

지도자 평가표

경력	· 포지션			
	· 감독경력			
	· 코치경력			
	· 해외연수			
	구분	High Level	M level	L level
전문성	· 공격	이론과 실기를 겸비한 실력가로 자타가 공인	실전 경험은 풍부하지만 이론이 완전히 정립되지는 않음	실전경험이 부족하거나 이론정립이 제대로 되어있지 않음
	· 수비			
	· 체력 관리			
	· 정보			
	· 관찰력	세심한 부분까지 관찰하고 대상의 장단점 파악에 능함	두드러진 부분은 찾아내는 편	메모를 해도 번번이 기억해내지 못함
	· 순발력	원칙에 고집하지 않고 상황에 따라 임기응변이 능함	극히 돌발적인 상황이 아니면 무난히 적응함	경험치 못한 상황이 발생하면 당황하여 어쩔 줄 모름
	· 과감성	옳다는 생각이 들면 도 아니면 모 식으로 밀고 나감	옳다는 생각이 들더라도 한 번 더 생각 후 행동	남의 눈을 의식하여 항상 먼저 나서길 꺼려함
	· 책임감	자기가 할 일은 철저히 자기가 책임지고 남에게 미루지 않음	주어진 임무나 책임을 남에게 떠넘기지는 않음	공사를 구분할 줄 모르고 변명이 많음
	· 포용력	자기와 다른 의견도 경청하고 이해하려고 노력함	남의 생각을 따르기 싫어하나 옳은 것은 인정할 줄 안다	자기 생각밖에 모르고 남이 옳을 때는 시기한다
	· 선수능력 파악	가능성 있는 선수와 없는 선수를 정확히 구분한다	판단에 시간은 걸리지 비교적 정확히 구분하는 편이다	슈퍼스타 외에는 구분할 능력이 없다

• 흥행에 대한 관심	관중동원에 대한 아이디어가 있고 선수들을 따르게 한다	관중수에 관심은 가지는 편이다	경기의 승패 외에는 전혀 관심이 없다
• 구단방침 이해	주어진 여건 하에서 최선을 다하려고 노력한다	불만을 표하기도 하지만 어려움을 이해하는 편이다	본인의 이익과 상치할 때는 비방도 서슴지 않는다
• 일반상식	다른 분야에 취업하더라도 훌륭히 적응할 능력이 있다	비경기인과 종목 이외의 주제로 대화를 나눌 수 있다	경기 외에는 별로 아는 것이 없다
• 창의력	전술을 개발할 줄 안다	선진기술을 응용할 줄 안다	새로운 방식을 도입할 줄 모른다
• 설득력	논리와 신념으로 상대를 설득하며 반론을 누르는 힘이 있다	체계적이지는 못하지만 신념으로 상대를 설득하는 편이다	힘이나 경륜으로 누르지 못하면 포기하고 배타적이 된다
• 선수로부터의 신임	전폭적인 신임을 얻고 있다	대체로 신임하는 편이다	아주 싫어하는 선수가 많다
• 팀 문제점 파악	아주 잘 알고 있고 해결책도 제시할 수 있다	판단에 시간은 걸리지 비교적 정확히 구분하는 편이다	관심이 없거나 정확히 모른다
• 통솔력	선수단 전체를 한 마음으로 뭉치게 하는 힘이 있다	좋은 성적을 올리기 위해 선수들을 독려하는 편이다	선수들의 마음을 움직이는 힘이 부족하다
• 스포츠계 평판	실력과 인간성이 좋다고 평판이 자자하다	그저 무난하다	아주 나쁘다

평가표에서 선수 시절의 포지션을 감안하는 이유는 지도 분야를 구분하는 의미도 있지만 시야가 넓거나 어시스트가 주 임무였던 포지션을 맡았던 사람과 어시스트를 받는 공격 포지션을 맡았던 사람은 선수 다루는 방법에서 미묘한 차이가 있기 때문이다.

실제로 감독의 역량은 선수 시절의 학습능력에서 비롯된다. 본인의 지도이론이 정립되기까지의 과정을 보면 선수 시절의 경험을 바탕으로 기술이 체계화된 다음 이를 선수들에게 적용하면서 발전한다. 선수 시절 학습능력이 뛰어난 선수는 일단 코치 또는 감독이 될 가능성이 있다. 물론 감독을 선임할 수 있는 권력을 가진 사람의 취향이나 눈높이에 따라 뽑히거나 잘리는게 그 자리이다.

5 감독의 평가

감독의 역량은 투입된 선수의 질Input에 비해 어떤 성과Output를 냈는지에 따라 평가된다. 고품질의 선수를 거느린 감독은 좋은 성적을 낼 수 있고 역량이 부족한 선수를 만난 감독은 나쁜 성과를 낼 수밖에 없다. 스포츠에서 성과를 측정하기는 쉽다. 승패나 득실점으로 분명하게 나타난다. 문제는 투입량이 얼마인지를 정확히 판단하기가 어렵기 때문에 감독의 역량 평가가 어려워진다.

감독의 역량평가는 팀 전력평가를 통해 예측된 전력에 감독의 역량이 얼마나 영향을 미쳤는지로 판단된다. 하지만 야구의 득점과 실점은 투수나 타자의 개인기에 크게 의존하지만 축구처럼 전 선수가 동시에 움직이며 팀원 전체의 연결된 플레이에 의해 득실점이 결정되는 종목에서는 개인의 기량과 감독의 역량을 구분하기가 쉽지 않다.

또한 단장이 팀 구성을 주도하는 미국 스포츠와 달리 유럽 축구 감독들은 선수 영입이나 연봉 협상 등에도 직간접적으로 관여하기 때문에 필드에서의 역량을 따로 떼어내어 평가하는 것도 어렵다. 그리고 축구는 개인 기록이 세밀하게 기록되지 않는 종목이기 때문에 개인이 팀 성과에 기여한 정도를 가늠하기 어렵다. 하지만 축구에서도 통산 출장횟수, 통산 득점, 리그 출장횟수, 리그 득점, 팀 성적 등과 이적료로 선수 가치를 평가하는 공식이 개발되어 있다. 이를 토대로 투입 대비 성과를 비교해 EPL 감독들의 역량을 평가한 연구자료도 있다. 결론적으로 감독의 역량에 대한 평가는 감독에게 주어진 팀 전력을 얼마나 효율적으로 가동시켰는지를 따지는 게 맞다.

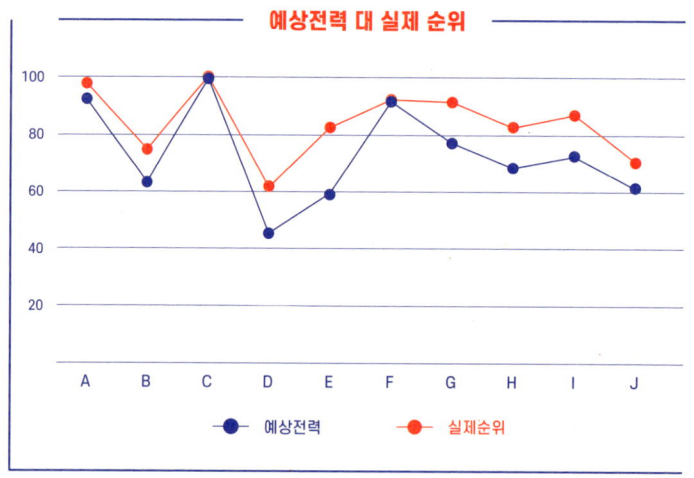

전력비교 그래프

하지만 나는 감독에 대한 평가는 팀 성적뿐만 아니라 팀 성적 외적인 부문까지 포함해야 한다고 생각한다. 엄밀히 따지자면 성적으로 감독을 문책할 때도 시즌에 들어가기 전의 객관적인 전력과 시즌 종료 후의 결과를 상호 비교한 후 적절한 조치를 취해야 할 것이다. 또 한 가지 감안해야 할 사실은 선수단 보강 작업에 있어서 감독에게 위임한 권한이 어디까지였는지도 반드시 짚고 넘어가야 한다는 점이다.

이윤을 추구하는 프로팀의 경우는 팀 성적이 흥행에 미치는 영향력 때문에 감독을 희생양으로 삼는 일이 다반사이다. 그렇지만 학교 팀에서까지 단순한 성적만으로 감독을 자주 해임하는 것은 결코 바람직한 현상은 아니라고 본다. 팀이 역경에 처했을 때의 위기관리 능력도 감독 평가의 항목으로 포함되어야 한다. 예를 들자면 선수들이 집단 반발을 했을 때 어떻게 수습했는지, 우승 후에 자만심에 빠진 선수들을 어떻게 자극했는지 등도 평가해야 한다.

스포츠팀에서 감독이 차지하는 역할과 비중은 크지만 실제로 팀에서 감독이 할 수 있는 일은 합리적으로 설정된 목표를 달성하기 위한 최선의 방안을 찾아 시행하는 것이다. 감독에 대한 평가도 합리적인 기준에 의해 이루어져야 한다.

6   누가 책임자인가

팀 구성의 책임자는 누구인가? 감독이 될 수도 있고 단장이 될 수도 있다. 만일 감독에게 선수단 구성 권리를 위임한다면 감독이 책임자다. 일부 유럽 축구 팀이나 대학 팀 등에서 감독에게 전권을 주는 경우가 있다. 이때는 감독이 권력도 행사하지만 책임도 져야 한다. 팀 성적이 지속적으로 나쁠 때 감독을 해임되기도 한다. 대부분의 미국 프로구단은 단장General Manager이 선수단 구성권을 갖고 스카우트, 트레이드 등을 지휘한다. 마찬가지로 성적이 나쁘면 단장이 해고된다.

팀 구성의 책임은 구단주가 누구에게 권력과 책임을 주느냐에 달려 있다. 그 사이에 사장이 있지만 사장은 주로 규모가 큰 마케팅 사업을 관장한다. 인사권을 쥐고 있는 실질적인 주인은 오너이고 사장을 포함해 단장이나 감독은 대리인의 위치에 있다. 물론 프로구단에서도 오너와 대리인의 문제principal-agent problem가 있을 수 있다. 오너와 대리인의 문제란 주인이 일을 맡긴 대리인이 주인의 이익이 아니라 대리인 자신의 이익을 위해 일을 처리할 때 생기는 문제를 말한다. 대주주와 전문경영인, 유권자와 정치인, 부동산 소유주와 중개업자 등의 관계에서 발생한다. 주로 오너와 대리인이 서로 추구하는 목표가 다르거나 같은 목표를 갖더라도 보유한 정보의 양이 다를 때 불거진다. 특히 프로스포츠에서는 구단주와 감독 사이에서 충돌이 일어나기도 한다.

선수 출신인 감독은 필드에서 이기는 방법을 많이 알고 있는 전문가다. 프로구단의 감독 자리는 이기는 팀으로 사업이익 등을 추구하는 구단주가 선수들을 대신 관리해달라고 임명하는 전형적인 대리인의 위치다. 구단주는 당연히 이 임무에 걸맞은 수수료(연봉)를 감독에게 지불한다. 그런데도 구단이 감독에게 끌려가는 경우가 생기는 이유는 이기는 데 필요한 자원의 양이 얼마쯤이면 적당한가에 대한 정보가 부족하기 때문이다. 예를 들면 어떤 선수가 지금 우리 팀의 전력을 보강하는 데 필요한 선수인지, 어떤 특별훈련이 필요한지, 어떤 지원이 있어야 하는지를 감독보다 잘 알 수 없다. 또 감독은 이기지 못하면 자기가 잘린다는 사실을 너무 잘 알기 때문에 구단주가 이기는 팀을 만들어 무엇을 할 것인지는 솔직히 다음 문제다.

이기기 위해 가장 중요한 자원은 선수다. 그래서 모든 감독은 기량이 뛰어나고 연봉이 높은 선수를 많이 보유하기를 원한다. 규정상 한 경기에 스물여섯 명만 등록할 수 있는데 구단에서는 그 세 배 가까이 되는 선수를 보유하는 현상이 일어나는 이유이다. 이는 구단주가 수익을 우선적으로 추구하는 이익극대화를 목표로 하거나 우승에 집중하는 승률극대화를 목표로 할 때에도 마찬가지다.

팀 운영에 관한 정보가 부족한 구단주가 무조건 감독의 요구를 들어주는 이러한 현상이 한동안은 지속될 수 있지만 결코 오래가지는 못한다. 적은 선수로, 또는 덜 알려진 신인들을 활용해 대등한 성적을 내는 팀이 등장할 때 비로소 무언가 잘못되었다는 사실을 알게 되는 경우가 많다. 특히 요즘같이 정보 유통이 활발한 시대에는 아무리 초보 구단주라도 팀 운영 정보를 파악하는 데 그리 오랜 시간이 필요하지 않다. 프로구단에서 오너-대리인 문제를 줄이는 방법, 즉 불필요한 비용 지불을 줄이고 감독이 구단주가 원하는 임무를 제대로 수행하게 만드는 방법은 몇 가지가 있다.

하나는 감독에게 구단의 지분을 주는 방법이다. 감독이 주주가 되면 구단의 이익이 자신의 이익이 되기 때문에 불필요한 비용을 가능한 한 줄이는 방향으로 운영할 것이다. 적자 운영되는 유럽 축구에서는 이러한 방식으로 감독 계약을 하는 경우가 있지만, 흑자 구단이 많은 미국 프로구단에서는 보기 어렵다. 다른 방식은 팀 운영을 잘 아는 또 다른 대리인을 고용해 감독의 과다한 비용지출을 방지하는 방식이다. 지금 한국 프로야구에서 선수 출신 단장을 고용하는 것도 아마 그런 저의가 있을 것이다. 총책임자는 구단주이지만 팀 구성의 권한은 단장 혹은 감독에게 위임하는 경우가 있는데, 요즘은 주로 단장이 책임을 지는 추세이다.

보이지 않는
시스템의 힘

1 시스템을 통한 전력의 강화

선수가 필드에서 자신의 기술과 체력, 정신력으로 상대를 압도해 쌓는 승수 외에 보이지 않는 승수 세 가지가 있다. 감독의 전략전술이 만드는 승수, 정보가 만드는 승수, 나머지 하나가 바로 시스템이 만드는 승수다. 여기서 말하는 시스템이란 팀이 이기는 데 필요한 요소를 조직적으로 지원하는 체계를 의미한다.

팀 전력은 일차적으로 선수의 질이 결정한다. 운이라는 변수를 제외할 때 보다 좋은 선수를 보유한 팀이 이길 확률이 높다. 선수의 기량이 비슷한 팀간의 대결은 감독의 역량이 승패를 좌우하는 중요한 요소다. 선수의 기량과 감독의 역량이 비슷할 때의 승부는 먼저 허물어지거나 어이없는 실수 등 의외의 곳에서 갈라지는 경향이 있다. 주로 체력, 정신력 등이 먼저 고갈되는 팀이 진다. 팀 전력을 구성하는 전력 7대 요소 중 감독의 작전을 제외하면 선수 개인이 발전시킬 수 있는 것과 혼자 힘으로는 불가능한 것으로 나눠진다. 물론 개인의 역량으로 볼 수 있는 기술, 체력, 정신력도 전문코치, 트레이너, 심리코치의 도움으로 발전시키지만 개발여부는 온전히 개인에 달려 있다.

혼자 힘으로 개발이 어려운 요소로는 정보와 팀워크를 꼽을 수 있다. 정보 중 개인이 플레이를 통해 체득한 정보의 양은 한계가 있다. 방대한 양을 분석해 요약된 정보는 IT기술과 분석전문가의 도움이 있어야 활용할 수 있다. 누군가의 희생이나 도움이 필요한 팀플레이는 혼자 힘으로는 불가능하다. 마지막으로 동기는 자가발전도 가능하지만 당근과 채찍이 있을 때 보다 견고해진다. 평가를 통한 보상이 동기를 자극할 수 있다.

팽팽한 승부가 의외의 곳에서 결정될 때 이길 확률을 높이거나 선수 개인 힘으로 발전시킬 수 없는 요소를 맡는 것이 시스템이다. 결정적인 장면에서 드러나는 체력, 정신력 등 팀 전력의 부족한 2%는 전력요소를 평가제도와 연계해 항상 최선을 다하게 하거나 필요한 정보가 즉시에 현장에 제공 될 때 보충될 수 있다. 이 모든 요소에 플러스 혹은 마이너스 할 수 있는 게 시스템이다.

2 평가 제도를 전력요소 강화에 연계

전력 요소 중 눈에 보이는 요소든 보이지 않는 요소든 이를 평가 제도와 연계할 필요가 있다. 칭찬이 고래를 춤추게 할 수 있듯이 평가를 통해 주어지는 인센티브는 어떤 선수라도 자발적으로 움직이게 할 수 있다. 평가 제도는 팀이 원하는 플레이를 잘한 선수와 못한 선수를 가려 보상을 하기 위한 제도이다. 예를 들어 체력 관리는 운동선수라면 기본적으로 스스로 할 줄 알아야 한다. 팀은 선수가 자발적으로 체력을 갖추길 원하지만 자기 관리에 나태한 선수가 있다면 이를 평가 항목에 넣어야 한다. 선수 개인이 유지해야 할 체력지표를 설정해주고 주기적으로 체크해 연봉 평가에 반영할 수 있다.

정보의 수집과 분석은 코칭스태프와 프런트에서 주로 하겠지만, 필드에서 이를 활용해야 하는 사람은 선수들이다. 정보시스템을 구축해 아무리 유익한 정보를 생산하더라도 선수들이 활용하지 않는다면 무용지물이 된다. 코칭스태프가 제공하는 정보를 선수가 어느 정도 활용하는지는 코칭스태프가 체크할 수 있다. 작전이나 전술 수행능력도 마찬가지다. 이를 반영하는 방식은 코칭스태프와 프런트가 상의하면 충분히 찾을 수 있다.

다만 선수의 정신력 등 측정이 불가능한 요소는 평가 시스템에 반영하기 어렵다. 어려운 상황만 닥치면 제 실력을 제대로 발휘하지 못하는 선수는 심리 요법이 필요하다. 스포츠를 모르는 심리학자가 일반인처럼 선수를 대하면 치유하는 데 상당한 기간이 걸릴 것이다. 물론 심각한 증세를 가진 선수는 아예 스카우트 단계에서 걸러진다. 내 경험으로는 그러한 증세를 극복한 바 있는 코치만이 선수에게 도움을 줄 수 있다. 어쨌든 구성된 전력을 유실 없이 극대화하려면 팀 여건에 맞게 방안을 설계할 필요가 있다.

평가시스템과 전력 7대 요소의 연계

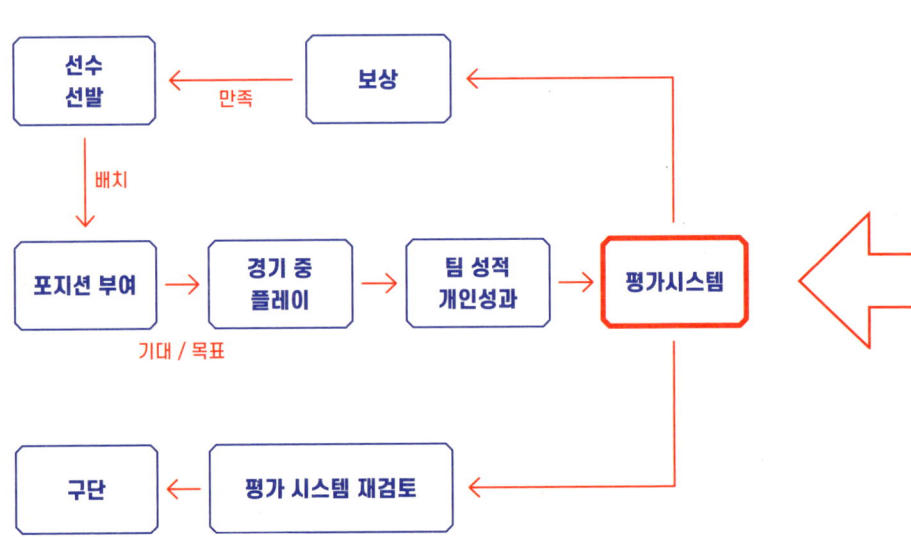

전력요소	성과측정 지표설정	측정방법	측정인
기술	플레이 체크리스트	경기기록	기록원
체력	개인 맞춤형 체력지표	주기적 체력테스트	트레이너
정신력	측정 불가능		
성취동기	측정 불가능		
정보	정보활용 정도	제공정보의 숙지 및 활용	코칭스태프
전략전술	전술 이해 및 수행 수준	경기 중 수행 여부	코칭스태프
팀워크	측정 불가능		

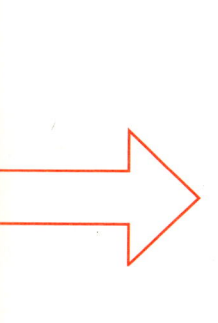
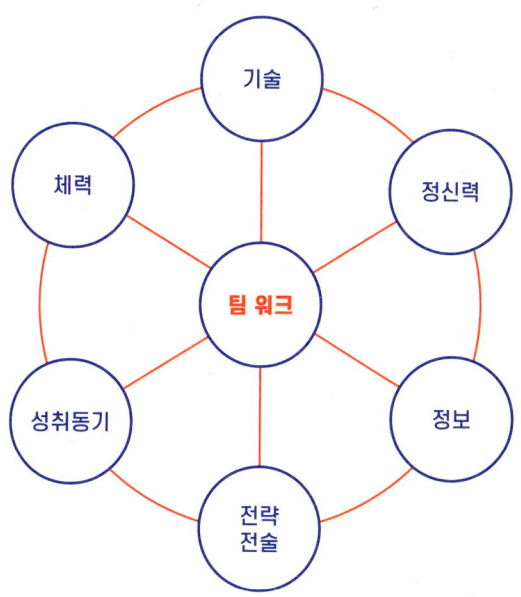

보이지 않는 시스템의 힘

3 현장과 연계 체계 구축

정보시스템은 현장에서 활용될 때 비로소 그 가치를 발한다. 아무리 유용한 정보를 생성하더라도 코치나 선수가 활용하지 않으면 아무 소용이 없다. 트레이너나 기록원이 축적하고 가공한 정보가 코칭스태프를 통해 선수에게 적시적소에 전달될 수 있는 시스템을 갖춰야 한다. 선수의 체력이나 기술 변화, 상대 팀의 전력 등에 대한 정보가 우리 팀 선수의 기량을 높이거나 경기 중 전략에 반영되어야 이기는 데 보탬이 될 것이다. 때로는 이러한 시스템이 선수 한 명 이상의 성과를 낼 수도 있다.

전술 정보의 예를 들자면 페널티킥에서 좌측으로 차는 습성이 있는 선수가 키커로 등장해 이를 막는 과정을 상상해보자. 정보시스템이 효과를 발휘하기 위해서는 우선은 키커가 좌측으로 찰 확률이 높다는 정보가 파악되어야 한다. 다음은 그 정보가 코칭스태프를 거쳐 골키퍼에게 전달되어야 한다. 이 과정에서 여러 경우의 수가 발생할 수 있다. 첫째, 키커에 관한 정보가 전혀 없는 경우이다. 그렇다면 이 팀은 정보가 있는 팀에게 질 확률이 높다. 둘째, 정보를 파악했는데도 불구하고 그 정보가 골키퍼에게 전달되지 않는 경우다. 정보전달 체계에 문제가 있거나 정보를 신뢰하지 않을 때 발생한다. 이러한 경우는 있으나마나 한 정보시스템이 된다. 셋째, 키커가 오히려 자신의 습성을 파악한 상대를 역이용하는 경우도 있을 수 있다. 이 경우에는 선수나 코칭스태프의 노련미가 성패를 결정한다.

이 세 가지 경우는 정보의 유무, 정보의 전달 체계, 정보를 활용하는 코칭스태프의 연륜이나 역량이 승패에 영향을 미칠 수 있음을 의미한다. 현장과의 연계 체계란 생성된 정보가 현장에서 활용되도록 하는 체계를 뜻한다.

현장 경험에 비추어보면, 코칭스태프가 정보를 신뢰하지 않거나 정보 해석 능력이 모자라 유용한 정보가 활용되지 못하는 사례가 더러 있다. 이를 개선하기 위해서는 정보분석가와 코칭스태프 간의 커뮤니케이션을 통한 신뢰 구축이 필요하다.

선수체력에 관한 정보는 전력요소 중의 하나인 선수 개인의 체력 강화를 위해서도 필요하지만 선수단 구성과 연관이 있기 때문에 중요하다. 선수평가 항목에 체력 측정을 추가하는 게 체력 강화를 위한 목적이라면, 팀에서 설정한 일정 수준의 체력은 선수단 구성에 활용할 수 있다. 나이든 선수라도 일정 수준을 유지하는 선수를 굳이 제외할 이유는 없다.

현장과 연계체제

DB 구축 및 활용
- **체력요인 DB 구축**
  · 성과지표 설정
  · 기초 체력
  · 종목 특화 체력

- **정보 DB 구축**
  · 선수 기록
  · 선수 기술 영상자료

체력평가 및 정보 분석
- **체력 평가**
  · 운동처방
  · 프로그램 제시

- **정보 및 기술 분석**
  · 선수 별 구사기술
  · 상황 별 기록

자료 제공
- **원격 시스템 활용**
  · 생체리듬 감안한 체력관리 시스템
  · 분석 SW 활용

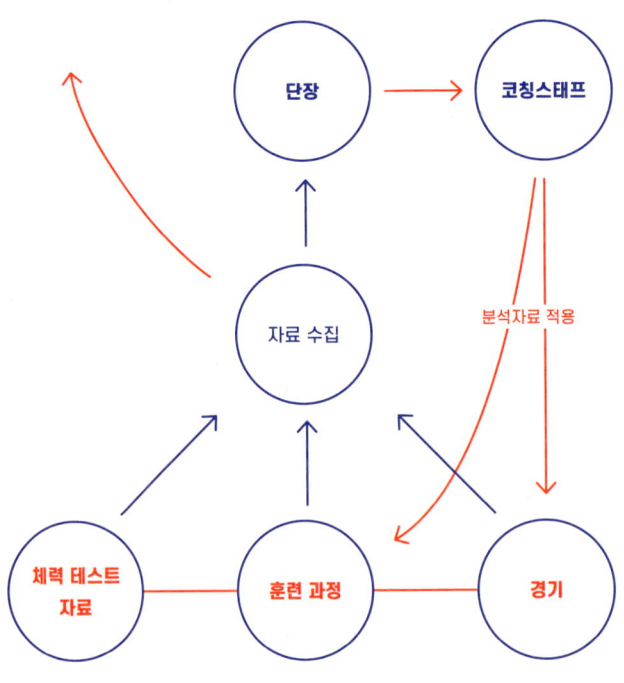

4 통합시스템의 구축

강팀이 되려면 좋은 선수, 전략가 역을 맡을 감독, 전술 정보, 마지막으로 선수의 동기를 자극하는 선수 관리 소프트웨어가 필수적이다. 시스템의 힘이란 선수와 감독이 잠재력을 백 퍼센트 발휘할 수 있게 뒷받침할 때 발휘된다. 또한 이기는 데 필요한 자원이나 정보가 통합되면 시스템의 효율이 높아진다. 이미 시행하고 있는 팀이 많겠지만, 유망주를 키우는 육성 프로그램과 스카우트 정보가 통합되면 좋은 선수를 만들거나 찾는 데 유용하다. 여기에 선수평가 시스템을 더하면 유망주의 미래 가치를 추정하는 게 가능해진다. 실제로 미국 야구에서 스카우트의 눈으로 작성된 보고서와 세이버 매트릭스로 산출한 통계 자료가 상호보완해 최적의 선수를 선발하는 데 활용되고 있다. 또한 평가 시스템이 전력 요소 강화 프로그램과 희생정신을 높이 평가하는 평가 시스템과 연계되면 바람직한 팀 문화 구축과 선수의 개인 훈련까지 분발하게 만들 수 있을 것이다.

팀 운영에 필요한 각 기능들이 따로 작동하지 않고 시너지 효과를 내기 위한 통합시스템이 효과를 발휘하려면 컨트롤 타워의 지휘 아래 신속한 의사 결정을 내릴 수 있어야 한다.

유능한 인재와 보통 인재가 구별되는 때는 비상 사태가 발생했을 때다. 유능한 인재는 자신이 경험하지 못한 상황에 처하더라도 그 상황에서 취할 수 있는 최선의 방안을 찾아내기 때문이다. 시스템도 마찬가지다. 주요 포지션에 구멍이 났을 때, 즉시 이를 대신할 다른 선수를 대가를 지불하고서라도 데려오는 해법을 찾는 게 유능한 시스템이다. 아마추어 선수의 기량, 육성 선수의 기량 진척도, 다른 팀에서 스타선수 때문에 출장 기회를 얻지 못한 선수, 외국인 선수 등에 대한 정보가 활용되지 않고 보고서에만 남아있을 때는 해법을 찾는 시간이 길어질 수밖에 없다. 컨트롤 타워는 취합된 정보들을 모아 판단을 내리는 곳을 의미한다.

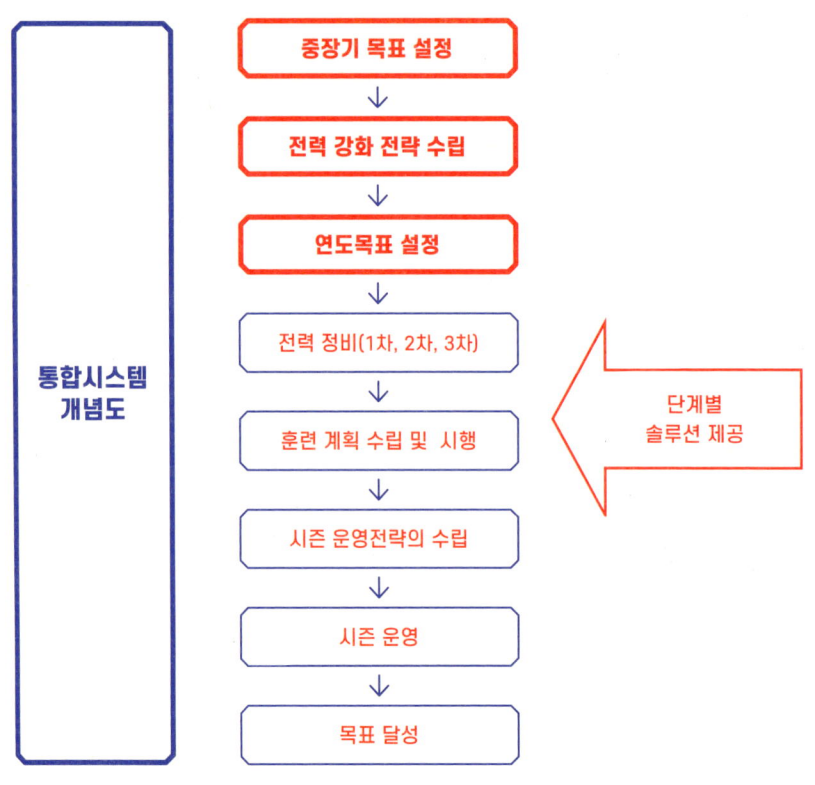

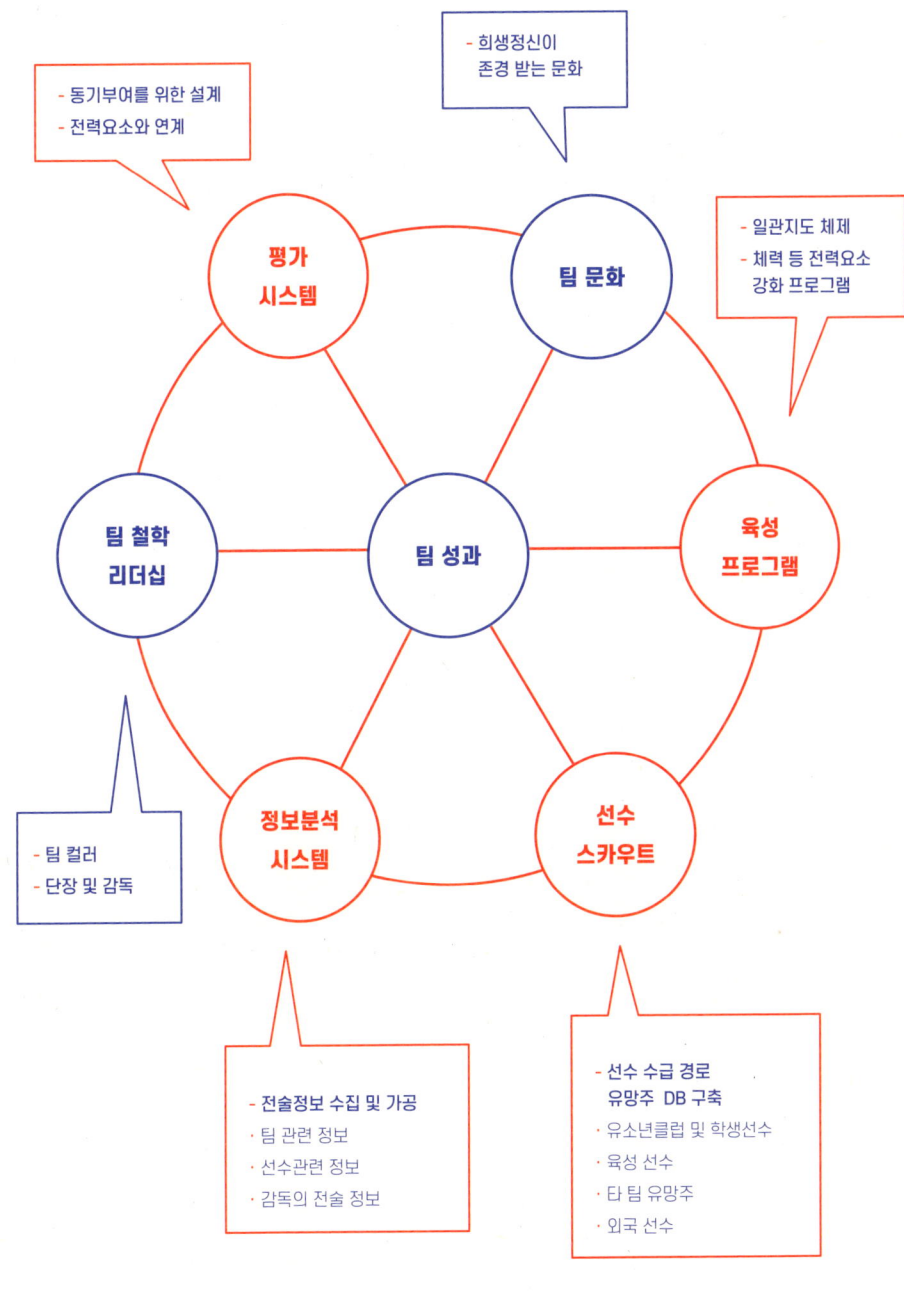

맺는 말

좋은 선수 그리고 좋은 감독이 강팀을 만드는 첩경이다. 그래서 선수를 보는 눈을 가진 스카우터를 갖는 것이 첫 걸음이다. 모든 팀이 유능한 스카우터를 가졌다면 스카우터의 눈만으로는 한정된 좋은 선수를 확보하는 데 한계가 있다. 그래서 프로스포츠에서는 좋은 선수를 만들어내는 팜시스템을 고안해냈다. 팜시스템은 대형 구단과 큰 출혈을 내는 경쟁을 무릅쓰고 선수를 쟁취하기 보다는 처음부터 육성하겠다는 취지에서 시작된 시스템이다. 이어 하부리그에서 일관된 이론으로 훈련받은 선수라면 1군에 올라 와서도 바로 성과를 낼 수 있지 않겠냐는 발상으로 만들어진 것이 표준화된 훈련시스템이다. 미국 메이저리그와 유럽축구에서는 이미 정착된 시스템으로, 강팀을 만들겠다는 목표를 지녔다면 필수적으로 갖춰야 한다.

선수단이 갖춰졌다면 이제 좋은 선수들이 열심히 뛰게 만들기 위해 팀 스포츠의 특성을 감안한 조직관리가 필요하다. 스포츠에서는 선수의 플레이를 평가하기가 용이하다는 특성을 살려 평가와 보상을 연계해 동기를 유발하는 평가 시스템을 갖춰야 한다. 전력을 구성하는 7대 요소를 평가와 연계하는 것도 좋은 방법이다.

선수 평가는 스카우트와 트레이드 과정에서 종종 프런트와 감독 사이에서 문제를 일으키기도 한다. 경기장에서 직접 눈으로 선수를 파악하는 감독과 정량화된 수치로 파악하는 프런트는 서로 추구하는 가치가 다를 수 있기 때문이다. 그러나 팀 스포츠는 날이 갈수록 확실한 정보를 바탕으로 하는 시스템의 중요성을 깨우치고 있다. 특히 나이를 감안한 선수의 가치 평가는 통계의 힘을 빌릴 수밖에 없다.

선수 평가를 바탕으로 한 팀 전력 평가는 전략을 세우기 위한 지피지기의 목적뿐만 아니라 자원을 효율적으로 분배하기 위해서 반드시 필요한 과정이다. 포지션의 중요도에 따라 팀 전력이 달라지고 선수 평균연령에 따라 미래 전력은 달리 평가될 수 있다.

감독은 유일하게 경기 전에 모든 결정을 내리는 사람이다. 개인적으로 스타플레이어 출신이나 선수 시절에 공격 포지션을 맡았던 사람보다 어시스트 역할을 맡았던 감독이 넓은 시야로 깊은 사고를 할 수 있다고 생각한다. 유능한 감독이 약팀으로 부임하면서 기대했던 만큼 성적을 내지 못해 해고 당하는 사례들을 지켜보면서, 팀 전력 평가는 감독 평가에도 활용할 수 있다는 점도 말하고 싶다.

길게 늘어놓은 글이지만 스포츠 팀에 오래 몸담은 사람들이라면 모두 알고 있는 내용일 것이다. 이제는 한 팀에 소속하지 않고 전체 스포츠 산업을 조망하고 응원하는 이로서 계속 새로운 강팀이 생겨나

보는 이의 즐거움은 물론이고 소속팀의 지역경제, 스포츠 산업 전반이 살아나길 바란다. 소개하고 싶었던 내용 중에서 야구 외의 다른 종목에서는 아직 적용된 사례가 드물지만 멀지 않은 언젠가 누군가가 명쾌하게 정리해줄 것으로 기대해본다.

이 원고는 사실 20년 전 내가 만든 월간 스포츠비즈니스 지에 "강팀 만들기"라는 제목의 칼럼을 연재하면서 시작되었다. 언젠가 단행본으로 만들어야겠다는 생각이 들었고 그때부터 여러 사례들을 추가하면서 10장까지 왔다. 이 책이 세상에 나올 수 있도록 도와준 모든 사람들에게 감사한다.

2019년 5월
정희윤 씀.

강팀 만들기
지는 데는 이유가 있다

초판 1쇄 발행 2019년 5월 15일

지은이 정희윤
펴낸이 정지원
디자인 디오브젝트
표지사진 김진영

펴낸곳 노사이드랩
주소 서울시 서대문구 연희동 124-3, 1층
홈페이지 www.nosidelab.com
이메일 nosidelab@gmail.com
출판 등록 2019년 4월 29일 (제2019-000038호)

ISBN 979-11-966994-0-6

- 이 책은 저작권법에 따라 보호를 받는 저작물이므로 무단전재와 무단복제를 금합니다.
- 이 책의 내용은 일하는 사람들의 콘텐츠 플랫폼 퍼블리(publy.co)에서 발행한
  <강팀 만들기 - 선수, 감독, 그리고 시스템의 힘> 콘텐츠와 연계되어 있습니다.
- 이 도서의 국립중앙도서관 출판예정도서목록(CIP)은
  서지정보유통지원시스템 홈페이지(http://seoji.nl.go.kr)와
  국가자료공동목록시스템(http://www.nl.go.kr/kolisnet)에서 이용하실 수 있습니다.
  (CIP제어번호. CIP 2019017474)